The Collector of Leftover Souls

Field Notes on Brazil's Everyday Insurrections

剩餘靈魂的收藏者

巴西日常革命的田野筆記

著｜耶莉娥妮・布魯恩（Eliane Brum）
譯｜沈維君、列蒙

獻給正成長為女人的瑪麗雅(Maira)，
她與我一起生活在巴西人之中。

目次

前言：在不同的世界之間[1]
Introduction: Between Worlds

身為記者，或者該說如我這般的記者，意味著得要成為一個雙面人；而對向的那一面便是母語的世界，那個人們初生而至的世界。這本書所描寫的人物，生來就都說著巴西語，這種語言源自殖民者的葡萄牙語，摻雜了過去巴西原住民的腔調，還有當年來到此地的各種非洲黑奴腔調；他們的發聲方式已不純正，提高聲調的眾多方式裡混雜了主人的母音與子音。他們的主體語言受到了影響，在葡萄牙殖民者脅迫下必須稜角分明、尖銳劃分之處，他們留下了婉轉的聲線。他們在過去鞭子抽打之處創造著音樂。我所說的「巴西語」（或「巴西葡萄牙語」）是一種反抗的語言。這是我的語言，也是書中所有巴西人的語言。

這些以不屈服的語言所述說的真實故事，於此首度以英文呈現。本書的夢想之

1〔編註〕此處原著具有「世界」（world）與「言語」（word）的雙關指涉。

一，是期望此番的交會不要成為某種帶有暴力意味的行為，而是帶來一種可能性。出版之際，有些國家正努力築起更高的圍牆，用以防止叛亂的語言入侵他們自認純粹的正統；他們害怕的，是受到其他現有體驗的汙染。如此說來，這本書將我那語言的革命性質帶進了英語中，而這也是書所應該做的——書應當對世人當頭棒喝，打破屏障。如果你翻開了它，翻開這本由一個巴西記者撰寫的書，那麼肯定你也不喜歡那些藩籬。

每當我造訪英語系國家都會發覺，巴西對於多數人而言並非真實存在；巴西只存在於嘉年華與足球的刻板印象中，還有貧民窟、光屁股與暴力，近年來則又多了政治腐敗。在本世紀的頭十年，巴西吸引了全球的注目，因為金屬加工工人出身的路易斯·伊納西奧·盧拉·達·席爾瓦（Luiz Inácio Lula da Silva）不僅當選總統，更施展魔法，在不撼動富人特權的狀況下，成功減少了貧窮人口。所謂的「第一世界」特別喜歡這種魔法，因為它，地球上地緣政治中明顯的不平等，差異變小了，儘管這種不平等具有深厚的歷史根源。此外，這種魔法人人滿意，因為沒有人必須為了達到最低社會公正標準而失去任何東西。但幾年之後還是證實了，世上不存在魔法。既然巴西沒能施展魔法，自然就回歸到了原先的處境，繼續存在於「富裕」世界想像的背景中。如果有人說財富必須重新分配，好讓那些無足輕重的小人物不再死於飢餓與子彈，那他肯定不會是個受歡迎的人物。

二〇一八年，巴西重回世界矚目的鎂光燈下，因為雅伊爾．波索納洛（Jair Bolsonaro）當選了總統，他提倡酷刑並為施加酷刑的人辯護，他侮辱黑人、女性與同性戀，他宣稱少數族群必須消失，而他的政敵則注定要流亡或入獄。二〇一〇年代的尾聲，巴西加入了某些選民行為矛盾的國家陣營裡，人民藉由投票（選出獨裁者）反抗著民主。再一次，在字裡行間堅守與眾不同與獨特的反叛，以及日常的小小革命，成為在此文化淪喪之際得以讓生活堅定不移的必須。

巴西是個僅以複數存在的國家，即巴西人民。若只是單數，一切都將不可能。既然我們是複數的巴西人民而非單數，自然也就有許多巴西的聲音存在。我身為記者的挑戰是聆聽這些迥異的聲音，將之轉換成文字，並禁絕遺漏其中蘊含的訊息，盡量完整呈現他們訴說的世界。然而，這是一種我在嘗試的同時就已經失敗了的挑戰。

在全球最大的這片熱帶雨林，巴西占有其中最廣的一部分；在這個人為導致氣候變遷的世界，熱帶雨林成了一種策略財富。當人類不再害怕災難或擔心他們恐懼的災難成真，雨林就成了一種力量。自從一九九八年以來，我便頻繁探訪亞馬遜雨林，傾聽著關於人們、樹群與動物的故事。撰寫這篇前言時，我已經在阿爾塔米拉（Altamira）

住了一年了，這座城市就位於亞馬遜雨林欣古河（Xingu River）河畔。

這本書從一場雨林中的誕生開始寫起，結束於聖保羅都會區（Greater São Paulo）周邊的一場死亡。聖保羅是巴西最大的都會區，也是全球十大都會區之一，人口多於兩千萬，超過葡萄牙與荷蘭等國。我不住在亞馬遜雨林的時候，就會住在這座建築荒漠中；河流在這裡交會，覆蓋在混凝土墳墓之下，每當我們行經其上往往快步走過。我把自己的身體當成橋樑，置身於這些形形色色的巴西人民之間。

本書收錄的故事，來自我人生中的兩段記者生涯。較短的專題報導寫於一九九九年，當時的我任職於巴西南部的報紙媒體《零時刻》（*Zero Hora*），那裡也是我的出生地；我負責的是名為〈無人見著的生活〉（The Life No One Sees）的專欄撰文，每週六刊出。在這個一整版的頁面中，我寫著那些一般被定義為「平常人」的生活。他們不是報紙上的那種新聞人物，他們的生與死被縮減寫成一小則短文，好比註腳一般，無足輕重到幾乎在頁面上一閃即過。我撰寫這個專欄的目的是為了告訴人們，世上沒有所謂平常的生活，只有受到馴化的眼睛，而這樣的眼睛無法洞見每個生活其實都是由不平凡轉化而來的。

若我們的眼睛不想被馴化，便要知曉每個個人生活所具有的獨特性，而這正是我將每一則小小的報導編織起來的原因。這些「未發生的事」(unhappenings，這是我造的詞，用以描述我所進行的報導工作)背後的政治意涵，就是沒人能被取代。因此，某些人的生活並不比其他人的還要有價值。累積了幾年，這些報導集結出版，並有幸獲得了巴西最大的報導文學獎。

本書後段收錄的八則短篇報導，則道盡了驅使我成為記者的動機。每個人赤裸裸出生，如何從擁有甚少，直至最終創造出一整個人生，這種種一切都令我著迷不已。這個動機也是帶領我們經歷這麼多世界與這麼多語言的關鍵。我想從這些執著的人身上學習如何賦予意義、創造人類的存在。生活就是我們創作的第一部小說。這部小說，我們稱為「現實」，就是我報導的實質內容。

一篇報導很短簡，卻需要大量的調查。我相信新聞報導，那是每日歷史的文字記錄，如實地記下生活傳述的訊息，就像是見證一般。我進行新聞工作時嚴謹以對、追求切實、重視用詞準確。但我也確信，現實的脈絡複雜不只由文字交織而成，其中還有質感、氣味、色彩、手勢。汙點、失落、暴行、各種細微差別，以及靜默、毀滅，也都錯綜融合成為現實。

我個人對新聞報導的看法是過去三十年建立起來的，我的人生幾乎每天都致力於接觸陌生的世界——不僅我看他們陌生，他們看我也很陌生。大家常說，你得上街踏破鐵鞋才找得到新聞，但新聞不只存在街上。一則報導還需要最原始的基進運動：跨越你自己這道鴻溝。或許這才是最深刻也最艱難的行動，它要求你跳脫自我，融入他人，融入那個他方的世界。唯有打開所有的感官去傾聽，才能做到這一點。那種傾聽裡，沒說的話與說出口的一樣重要，聲音和迴響也與寂靜一樣重要，家具的質感與選擇貼在牆上的畫一樣重要。氣味與缺席，否認、驚嚇與猶豫，咬指甲的痕跡、選擇或遺忘的機巧，分歧，還有被遺留的一切。

既是新聞報導，意味著我們得脫掉自己的衣服，套上他人的穿著。也就是說，我們得屏除自己的偏見、判斷、世界觀，這麼做是為了讓世人得知在這個星球上還有其他的存在經驗，且不僅只存在，而是那麼的獨一無二。然後，再走過漫長的路回來孕育文字，寫下這篇文章傳述的訊息，而這一切皆由這具從當地返回傳播新聞的身體交織而成。透過這一系列寫作報導的傳遞動作，他方成了彼與此。

透過這種姿態，我才能為那些報導沒有寫到的人們達到上述境界。身為記者，我發現自己常常遇上以口述方式創作文學的文盲；他們所給予我的滋養，重要性並不亞於圖書館架上的知名作家。拄著鋤頭靠在石頭上，或把釣魚竿放進獨木舟的男男女女，以充滿詩意的散文述說自己的生活，而這一切均源自世上獨一無二的人生經驗。他們大方分享自己的故事，沒有意識到在述說的同時，他們創造了一個又一個宇宙。經過三十年，如今這些人成了一群對我影響深刻入骨的人。而這種與他人真實交集的過程是無害的。

書中收錄較長的九篇報導，其中七篇寫於本世紀頭十年，從二〇〇〇年到二〇〇八年，我任職於聖保羅的新聞週刊《新時代》（*Época*）；而這些篇章也收錄在另一本書《街頭之眼：尋找真實人生文學的記者》（*Olho da Rua— uma repórter em busca da literatura da vida real*）裡。這些文章展現了我在新聞報導中絕不妥協的行事風格。在〈雨林裡的接生婆〉中，我試著放下自己的定見（過去的經驗積累而成的），在整個報導過程裡頭，我最主要的工具便是傾聽。

做為記者（以及身為一個人），我一直認為，知道如何聆聽，比知道如何提問更重要。如果可能，我甚至不希望自己開口去提出第一個問題。我總覺得所謂的第一個問題，其實與我自身比較有干係，遠勝於我想了解的對象。此外，第一個問題還會向受訪者洩漏了採訪者的期望。第一個問題相當於一種控制形式，而身為稱職的傾聽者，我必須放棄控制，所以我只會說：「告訴我……」。你永遠不知道人們訴說自己的故事會從哪裡切入。

接生婆豐富的語言，以及她們每個人表達自己的方式，是第一章的核心。她們的言談如此優美，不僅變化多端，而且很有深度，令人嘆為觀止，我幾乎不需多作加工，只需要傾聽，寫下每一聲嘆息，無所遺漏便足夠了。即使我想多作詮釋，即使我寫的是文學、擁有杜撰的權利，我的文筆距離她們優美的言語依然所距甚遠。尤其是在這篇報導中，我身為記者的任務就是留心每個手勢、重音、臉部表情，然後一一照搬到紙上就好，幾乎就像是在模仿活生生的人一樣。

一旦我們臣服於故事，任它由外而內澈底顛覆我們，記者這份工作帶來的就只有喜悅。如果我走一遭阿馬帕州（Amapá）或聖保羅地區，回來卻毫無改變的話，我就會放棄報導了。身為記者，意味著每篇報導都會帶來一次重生，以及自我的重新創造。當然，最好是透過自然分娩。

如果你是個像是聆聽音樂般的閱讀者，你將發現《剩餘靈魂的收藏者》收錄的每篇報導自有其詞彙、節奏與布局；要是並非如此，將對我產生重大的影響。即使我穿越整個巴西，穿梭於每個巴西人內在的巴西世界，我依然沒有真正離開自己的家。倘若我無法洞悉他人的語言，沒有聽懂不同地區蘊含的每一種人生所傳遞的訊息節奏，那麼，我寫的不過就是我自己，以及我那受限的語言。即使擁有其他人名或所謂的其他故事，我也只是個寫著新故事、觀點卻單一的寫作者而已。

為了〈老人之家〉那篇報導，我在一間收容社會各階層的機構住了一個禮拜，重現從外到內的不平等。而我很快就被那些牆的重量給鎮住，立刻感覺自己與外在世界的連結被切斷了。不論是在礦場的帳篷、貧民窟的披屋，還是療養院的房間裡，我去哪裡都能迅速適應。知道自己有家可回，讓我很安心，但我在自己的窩裡卻深深感到格格不入。由於我那強烈的屈從姿態，使我每次回家都很難適應。當我返家總感覺自己的身體被拉長了，橫跨了兩個世界。我只剩下一隻腳、一個手肘，有時只剩下一隻眼睛。我得慢慢把自己拉回來，有時還是扯著頭髮往回拉。

對我來說，寫作是一種物質的肉體行為。認識我的人都知道，我的生活方式表裡如一，我筆下怎麼寫，我的生活也就是那般。我筆寫我心，我從不透過修辭來塑造形象，每個字都彷彿是由體內的血液、體液與神經寫出來的；我甚至覺得這些字真的都是由我的血液、體液與神經組成的。即使這些內容變成書寫文字，成為電腦螢幕上的符碼，那依然是我的血肉。在這段文字誕生的過程中，我真實地感受著切膚之痛，這樣的經歷讓我痛苦不堪。

有時人們會問我：你是否真的親身體驗了那些受訪者的經歷？當然是！我們不可能進入某人的生活還能全身而退。有時候我也覺得有所不足，我知道任何人生都不可能確切一如文字描述。但有些人生經歷是更加桀驁不馴，拒絕成為題材，更不願被下定論的；它們四處逃遁，溜進沒有轉化成文字的言語中。這就是〈中土世界〉那篇報導發生的事，這一篇報導了亞馬遜雨林居民的故事，而我是第一個接觸當地人的記者。

當時我立刻被焦慮壓垮了，我怎能眼睜睜看著少數被遺忘的巴西人那樣奮力拚搏，卻只用幾段文字或幾頁報導就說完這一切？他們明明真切地生活在地球的另一端（相對於讀者存在的世界），竟如此脆弱渺小，毫不起眼。

那些無法被簡化為文字的時刻，包括了前往亞馬遜雨林心臟地帶的旅程。正如我對亞馬遜雨林的熱愛，那裡真是超越世上任何地方、任何目的地的所在。我對這項任務的感恩之心，引領我來到這個地區，即使是在亞馬遜雨林裡，那兒都相顯是個不可思議的地方。遇上這種事，你絕對無法將這鮮活的一切轉化為文字，唯一能做的只有謙卑地接受這些限制；並且對於自己擁有特權，得以親身體驗那無法述說的一切，感到某種祕密的快樂。

儘管我的報導寫作不足以描繪龐雜的現實，但在阻止當地人死於子彈上，卻發揮了關鍵性的作用。報導刊出之後，當地的族長耶爾庫勒諾（Herculano）、海孟妲（Raimundo）及滿辛央（Manchinha）從雨林中被撈了出來，送上飛機帶往首都巴西利亞，陳告各部會首長他們所面臨的處境。其他巴西人此時才看見他們的存在，細流河（Riozinho）[2]也成為了聯邦法律保護的「採集保留區」（extractive reserve）。如今我聽到的，是傳統中長者口傳給年輕人的歷史。我和他們，我們一起變老，目睹年輕人聯合起來為雨林奮戰，而這正是無法以文字貼切表達的時刻，身為記者得以親炙現場又充滿喜悅，這值得一生投入。

我相信，一旦一項任務變得錯綜複雜，就會帶來最出色的新聞報導。如果同事向我尋求建議，我第一個就會說：「把你的任務變複雜吧！」容易想到的點子總是顯而易見的，因為你腦海中的點子以前早就存在於某處了。多年來，我一直試圖說服形形色色的老闆，新聞業擁有道德義務，必須讓新一代的巴西青年明白，世上沒有所謂「平常」的生活。這些年輕人大多是黑人，預期壽命為二十歲。然而，由於幾十年來獨霸

2〔編註〕葡語「Riozinho」字面即「小河流」之意。目前並無定譯，「細流河」為意譯，位於巴西西北部的亞馬遜州。

新聞編輯室的是一群中產階級的記者，他們絕大多數都是白人，因此很難說服。這些記者在這樣的國家長大成人——年輕黑人的死亡如此常見，就像聖保羅的塞車一樣「自然」。

唯有把自己的任務變複雜了，我才能開始〈死亡世代的母親們〉的報導。在種族與社會階層之間的緊張關係中，似乎有某種共通點貫穿，我曾在其他陣線為此奮戰過，然而，這個共通點可以為不同世界搭建起橋樑，它就是母性的迷思。因此，我決定透過母親的痛苦來訴說她們孩子死亡的故事。再一次，我找不到詞彙描述這種痛苦，你的詞彙也做不到。失去孩子的母親不是孤兒，也不是寡婦，這種痛苦被我們的語言屏棄在外。

在我前往聖保羅附近的布拉西棱加（Brasilândia）住上一段時間後，我便有了不同以往的追求。如果在巴西貧民窟裡一無所有，只有暴力與死亡，大家就會預期肯定將出現自殺潮。然而實情並非如此，相反地，他們不只是想要活下去，還想要活得快樂，更幾乎成為了一種決心。這些年來，我第一次領悟到，原來快樂是人類生命中最強大的抵抗行為。

我抵達布拉西棱加調查那些微妙小事，我想知道什麼樣的事可以讓人們產生活下去的希望，即使是面臨殘酷時刻。於是，頭兩天我只是觀察這個新世界，讓招待我的圖卡（Tuca）與耶烏潔妮亞太太（Eugênia）帶我四處走走，我收斂自己的表達，跟頭頂著甘藍菜一樣愣頭愣腦，如此一來她們就不會把我當成那些過去曾經造訪的記者，對我套上相同的期待。唯有這麼做，我才能捕捉阿德利婀娜（Adriana）與路易斯（Luiz）婚禮背後集體努力的淒美故事。

我的挑戰在於必須維持局外人的立場，這麼做是為了保有好奇的雙眼，倘若我想看透奪目的表象，這是必不可少的。但我必須注意，絕不能讓觀光客的觀點汙染了自己，因為觀光客總是透過自己的偏見或想像來看待現實，他們只看自己想見的，只相信自己認定的真相——若是如此，你根本不需要離開家門。

記者相當於貼近隱私的外來者。每當進入他人的世界，我都必須搞清楚一件關鍵的事：別人向我引介自己的世界時，她會呈現什麼給我看，還有，她不讓我看見的又是什麼？她會引我踏上什麼樣的路？她會用什麼樣的詞彙來為自己的領土命名，包括內在世界與外在世界？為什麼她選擇這些詞彙？在這之間，我發現貧民窟的位置每每總是更加偏遠，只要我問：「貧民窟的地界從哪裡開始？」對方便指著前方大約一百碼處。我走到那裡，詢問待在自家門外的居民：「這裡是貧民窟嗎？」答案永遠是否定的。貧民窟，總是位於前方一百碼處。

在〈惡魔澤耶的巴西〉這篇報導中，我描述了雨林中心開發黃金礦區的故事。我雙腳陷在人類激情化成的泥沼中，描寫這些充滿欲望的男男女女。只有妓女會在採礦者之前抵達礦坑，或是同時抵達。在世人眼中，採礦者粗魯、是破壞雨林的暴徒，其實他們不過是拒絕放棄的巴西窮人。採礦者被以醜陋、骯髒與卑鄙等詞彙描述，他們無視資本主義的邏輯，亦即打動大型採礦公司（通常是跨國企業）的邏輯，如「企業家」、「清廉」和「合法」。採礦者渴望在巴西找到一席之地，在這種渴望下，他們把自己的身體推向世上最古老的衝突裡。而這也是我所追求的——在這個嚴酷的世界，超越那些局限人們的標籤，呈現其中的微妙之處與許多夢想。

這本書以一個生命的結束做為結尾。我陪伴了一位患有不治之症的女士度過日常生活，期間長達一百一十五天。我第一次見到阿利希．德．歐利斐拉．索爾沙（Ailce de Oliveira Souza）是在她家客廳，當時的她掩飾不住一臉的期待。我明明是來報導她臨終的記者，那一刻，她卻假裝不知道結局會是死亡。就如同每個人一樣，早上起床時，她往往堅信自己不會死去。

我是誰？在那個瞬間，二〇〇八年三月二十六日，我是個不知道她正在做什麼的記者。我決定追蹤報導一個不治之症患者走到生命盡頭的故事，但我對於這個選擇的後果將帶來怎樣的深淵完全沒底。在阿利希安靜的客廳中，我與她眼神交會的那一瞬間，我就已經讓自己陷入艱難的處境了：我的生命與她的死亡綑綁在一起了。

我希望這個任務永遠不要結束，同時卻又期望盡快結束。我愈來愈渴望從這種每日接觸死亡的處境中解脫，當時這讓我的日子變得很難過。同時，我假裝自己蒐集新聞素材的工作永遠不會結束。從某個角度來說，她與我都是偽裝者，只不過她的處境是真實的人生角色，而我則是一個傳述者，我所描寫的故事結局恰好是她的生命盡頭。

報導一經發表，我便履行了自己這一方的約定。至於她允諾的，則是讓我親眼目睹她的死去。我答應她用文字重建她的身體，透過書寫延續她的生命。直到那時我才意識到，世上沒有人像她這般信任我：畢竟，我將寫出的是一篇她永遠讀不到的報導。

有些人問起我身為記者介入的程度，我與筆下人物的交集會到什麼程度，這是新聞實務中相當重要的議題。對記者來說，公正與客觀是必須追求的理想，卻永遠無法完全實現。單單是我們的存在（或是寫一篇報導的決定）就會影響即將描寫的現實。讀者愈清楚這一點，我們的工作成果就會愈真誠可信。

我從來不把自己當神，以為自己可以從局外人的角度觀察一個既定的現實，而絲毫不受影響。我很清楚自己的人性弱點，因此只當自己是一個特定時代的文化表現形式，比起我想要的自由，我實際的自由少得可憐。我在文章中試圖向讀者清楚表明自己的立場，以及我的介入對報導造成了什麼影響。

在這一百一十五天裡，阿利希與我分享彼此的生命（這段歷程不僅對記者生涯來說是一段強烈的體驗，對人生而言亦是），我竭力不讓自己在她邁向死亡的餘生中造成任何介入。我幾乎不提任何問題，而是選擇只凸顯她的答案——為此，我必須非常專注而鉅細靡遺地傾聽她的心聲。一方面，如果我的問題太過犀利就很可能影響她的答案：她或許會引用我的話語，而非以自己的語言來描述這段人生盡頭的時光。另一方面，如果我冒昧提出她還沒準備回答的問題，便很可能冒犯到她的感受。

就第一種情況來說，這種介入將導致我無法得到真誠的答案，而第二種情況則會對阿利希造成傷害。比方說，她從不用「癌症」這個詞，於是我的嘴巴也絕不提這個字詞。倘若我之前就先說出「癌症」，便不可能知道阿利希不用這個詞，也更加不會明白一些關鍵的事——她如何面對這場即將奪走自身性命的疾病。在她面前，我絕口不談「死亡」。倘若我貿然提問，我就不會知道阿利希需要花多少時間才能說出「死亡」這個詞，我也不會明白這種擾人的沉默背後蘊藏的涵義，更加不會知道她想談的只有生命。如果上述這些介入全都成立，這篇報導就會從譴責的角度描述阿利希的人生。然而，當她再也沒有力氣端起杯子時，我會不會把水滴進她嘴裡？或在沒人幫忙的時候替她洗澡？答案是會。這些行為與新聞報導毫無關係，純粹出於人性關懷。

這本書收錄的另外兩篇文章，是我投入記者生涯多年來進行的專題報導。打從第一次聽說有個工人受到石棉汙染所害，長時間吸入石棉粉塵導致石棉肺，我就開始密切投入〈雜音〉這篇報導了。我聽著他述說，但聽到最多的是他為了活著而發出的可怕聲響。只要我還活著就忘不了這段雜音，它將化為記憶存在我的腦海裡。我從數十名工人中選出一位，在本世紀的前二十年，我一直追蹤著他的故事，後來發表了報導文章。巴西，甚及全球，某些男男女女追尋著空氣、正義與石棉禁令，而這篇報導呈現更多的是洗耳恭聽的我。

經過這麼多年的大量新聞報導之後，我再也無法忍受這一切帶來的驚恐——明明目睹他們在沒有正義的情況下死亡，卻仍聽到企業執行長與政治說客聲明這種致癌纖維安全無虞，繼續旁觀某位億萬富翁靠著石棉致富，卻利用傳記替自己洗白，搖身變為環保主義者、文學藝術贊助者，甚至是全世界公認的「好人」。於是我為《工人之詩》（*O Verso dos Trabalhadores*）這本書寫了一篇文章，那是本眾多寫作者的合著，在二〇一五年出版。我把這股雜音化為一聲巨響，希望它也能變成一家之言，讓更多人聽見。

經過三十年的報導生涯，死者始終縈繞在我心中，他們的生命不會因為我的譴責而有所改變。我一直在尋找詞彙，試圖用最合適的文字描述他們的故事，好讓世人聽見；我尋思著究竟要怎麼做，才能讓這些已經入土的人成為回憶，不致連他們的聲音都被埋葬了，〈雜音〉便是我的嘗試之一。而我花了些時間才明白，欠缺的不是文字或聲音，而是耳朵。

二〇一一年以來，我一直關注著貝羅・蒙契（Belo Monte）水壩造成的影響，這座水壩設計成全世界最大的水力發電廠之一。那些見過水壩鋼筋水泥支架的當地人，稱它為「怪獸」——「貝羅怪獸」（Belo Monstro）[3]。透過他們與我的眼睛，看著這頭怪獸矗立於亞馬遜雨林大河之一的欣古河之上，危害當地水質與生物。貝羅・蒙契不僅是強加於雨林與人民之上的公共工程，更是個蛇蛋，表面看起來美好其實很可怕，而這就是如今的巴西設計。

〈瓊昂請求海孟妲一同以死作為犧牲〉講述了一段駭人聽聞的進程，以及因此產生了我所謂的「自己國家內部的難民」，而這是我如今的重心。我的國家成了一個廢墟的大建設家，巴西建造了一整片大陸的廢墟。我講述的故事是關於一群隱身亞馬遜雨林的男女，他們所轄領域已少至只剩下自己的身體，卻在死後還能創造生命。

我不太了解自己。每當我覺得稍微了解一點了，就又會揭露更多自己的另一面，然後逃離自己。或許，我唯一確定的是自己是個記者。靈魂進駐一具又一具的身體，將不同體驗轉化成文字，是構成我本質的決定性因素，而這已融入骨子裡了。我對無限荒謬的現實擁有不成比例的愛，而這份愛影響了我所有的世界觀。瓜拉尼蓋約瓦族（Guarani-Kaiowá）好幾個世紀以來遭到各式各樣的謀殺，儘管如此，他們依然抵抗不屈。我跟他們學到了另一個字：ñe'ẽ，這個字指的是「文字」與「靈魂」同時存在。正是在這他者的語言中（既非我的，亦非你的），我找到了足以定義自己這番追尋的詞彙。在兩個世界之間的漩渦裡，我想要成為能夠產生作用的文字。

在這本書中，一如在人生裡，我能獻上的唯有自己。我希望這樣就足夠了。

阿爾塔米拉，巴西，二〇一八年七月十一日

3〔編註〕Belo Monte為葡語「美麗山脈」的意思，Monstro（怪獸）為拼音近似的諧擬。

1 雨林裡的接生婆 Forest of Midwives

她們出生的這個地方，相當於亞馬遜雨林潮溼的子宮，位處巴西極北的阿馬帕州，如今依然遠離新聞熱點。這個國家不曾聽見她們的聲音，因為巴西早已失去傾聽的耳朵，既聽不見古老智慧之聲，也聽不到她們旋律裡的節奏。她們之中有許多人目不識丁，卻能讀懂森林、河流與天空。在她們的世界裡，女性擁有接生的天賦。世上有種智慧是學不會也教不來的，甚至難以說明，它就只是那樣發生了。婦女的鮮血與孩子的羊水，讓她們的雙手起皺，就是這樣的一雙手，接生了巴西的一份子。

這片位於地圖最高點的土地上，迴盪著原始的女性哭聲，提醒巴西這個國家「出生」是自然之事，既不仰賴基因工程或手術，聞起來也沒有醫院的氣味。這些雨林的接生婆，由於出生之地與外界擁有地理上的天然隔絕，而使她們得以保護了這項傳統。對她們來說，比起由一位女性訂出生產時間、然後用力把孩子拉出來，她們更能接受海豚從溪流中躍出讓少女受孕的說法。

阿馬帕的居民不到五十萬人，絕大多數都是經由這七百名接生婆的雙手呱呱落地的。她們是將動詞變化成複數、過度使用集合名詞的女人們。在她們的人生邏輯中，「我」就是一個沒有特權的陌生人[1]。

她們行動時，可能搭船，也可能徒步，其中有印地安人多麗卡（Dorica）、棕色皮膚的「巴西印地安／白人混血」（cabocla）裘菲麗娜（Jovelina）、皮膚黝黑的農奴後代（Quilombola）[2]荷希爾妲（Rossilda）。她們是代代相傳的嚮導，引領人們穿梭神祕之旅。她們所用的語彙銘記在世界之中，卻從未被記寫下來。她們的路徑與特雷沙（Tereza）、奧亞波基（Oiapoque）等地原住民接生婆的路徑交集，誕生之網記錄在她們的掌紋中，匯聚成所有路徑。

「接生嬰兒意味著要有耐心」，多麗卡說。她是卡里布納族（Karipuna）印地安人瑪麗雅．多士．森多斯．馬希耶奧（Maria dos Santos Maciel），九十六歲的她是阿馬帕最老的接生婆，超過兩千個印地安人經由她那小巧如幼兒的手降生世間。儘管有上百個親手接生的孩子，與多麗卡是阿嬤、媽媽、教母的關係，但是她其實並不喜歡這項天賦。「天賦就是這樣，一出生就跟著我們，無法拒絕。」原住民接生婆多麗卡操持著殖民者的語言，為事物賦予了令人驚嘆的詩意：「接生婆了無選擇，她必須在死寂的深夜時分應人們的召喚而去，接引孩子臨至此世。」

多麗卡駕船行駛在奧亞波基的支流上，只點著一盞油燈，宛若鬼魅。途中有她六十六歲的妹妹阿蕾薛恩德麗娜（Alexandrina）相伴。妹妹的十一個子女，有九個是她接生的。「女人就像森林一樣！」阿蕾薛恩德麗娜說，「大地之母擁有一切，就像女人的身體裡什麼都有：力量、勇氣、生命、快樂。」

當她們的槳划過寂靜的河流，短吻鱷如螢火蟲般晶亮的眼睛追視著他們。「不會危險啦！短吻鱷只吃狗跟涼鞋。」多麗卡說，「我們之前把一尾短吻鱷開膛破肚，肚子裡就只有這些東西。」她憶起自己流產了十六次，無法產下孩子並非自身所擇，她宣告著：「我累了，我想請神讓我能從接生這一行退休。」

神比社會保障部部長還閑散，截至目前為止都沒有回應她的請求。於是，多麗卡只好繼續奔走各地，蹲伏在女人的兩腿之間，赤腳踩進泥土裡。阿蕾薛恩德麗娜坐在

1〔編註〕作者意欲表達的，是這些接生婆透過接生的行動形成了某種群體認同感，對她們個人而言沒有所謂的自己，都是用「我們」來稱呼自己，所以才會將動詞改為複數，也是一種相互認同的意思。

2〔編註〕Quilombola是指祖先原是從莊園、種植地逃出的黑人奴隸後代，如今也還生活在以農業為主的社會或地區，音譯為「其隆波拉」。

準媽媽身後，用自己的腿環抱住這個女人。多麗卡絕不從女體的陰道拉出什麼來，她就只是耐心地等待。她按壓、推拿孕婦的肚子，好讓孩子轉向正確的方位。她把貘、鱷或負鼠的油塗在孕肚上，然後吟誦禱詞與咒語，讓整個生誕的神祕旅程更加完善。她以指甲搗破孕婦的羊水，用箭鏃或牙齒割斷臍帶。「接生嬰兒的關鍵就在於等待出生的時刻。」她這樣傳授我們，「城裡的醫生弄不懂這是怎麼一回事，正因不懂，所以他們才會剖開女人的肚腹。」

一連八天，多麗卡都沒去照看她的樹薯田。對接生婆來說，她的日常就是每天早上清洗、煮菜，然後下午推拿孕婦的肚子，好讓孕婦保持健康。她還得用一把細牙梳子擦刷孕婦的乳房，並用白葫蘆瓢舀水澆淋在乳房上，這樣將來才有足夠的乳汁可以湧入嬰兒嘴裡。有個充滿智慧的做法是以嘴吸一下嬰兒的鼻子，直到聽見嬰兒啼哭；等這個階段的任務結束，多麗卡就會把孕婦交還給她的丈夫，並說：「我已為她盡己所能；現在，你必須照顧自己的家人。」那位丈夫則會回謝：「將來如果我有能力，一定會給你一些報償的。」多麗卡答道：「神會給我回報的。」對話便就此告終。如此這般，五百年來一向如是。

只要再過個四十天，這個女人就會抱著嬰兒打開家門。在讓嬰兒呼吸到雨林的空氣之前，他們會用水與鹽來保護嬰兒，以抵禦邪靈的侵害。多麗卡接生超過兩千個孩子，只失去了其中的三個。她沒有一天不為他們哀悼：「那是部落失去的孩子。雨林裡的人都明白，萬物皆是不可取代的，不能用完即丟。」即使是尚未扎根便已凋萎的生命，依然是獨一無二的。

這位接生婆向我們告別，目送我們的獨木舟往下游前進，逐漸消失於視線。一隻金剛鸚鵡從樹枝上看著她，一群尖叫的鸚鵡飛過天際，一個年輕女孩在溪水中洗浴，準備上學。這是平常的一天，多麗卡把手安放在年邁的心上，無聲地喃喃細語，由衷為那些離開的人祈福。然後，她轉身離開，點起菸來吞雲吐霧，等待村裡最新近的準媽媽印地安人伊法內吉．依雅巴拉（Ivaneide Iaparà）第五個孩子誕生的時刻。屆時他將用力敲開通往世界的大門，大聲宣布自己的到來。

現今，雨林裡的接生婆大多信奉天主教，有些人則擁抱重生的信仰，還有一些人奉行通靈術或坎東伯雷教（Candomblé）。不論她們祈求的神是男性的基督、聖靈，還是奧里薩神靈（orixás），她們都自稱是神蹟的守護者，那個由她們的母親與阿嬤代代相傳的神祕事物；而這種傳承在這幾個世紀中已然失落。在這個無名的靈性信仰中，她們說偉大的神是女性，一個女人；她們堅信就是她掌管著「初始—中途—結束」、「誕生—生命—死亡」，以及「現在—過去—未來」。

她們在河裡划行數公里或是徒步，前去幫助同胞創造奇蹟之際，分娩即是一種抵抗與顛覆，用以證明每個女人的內在都有一些女神的存在。宗教裁判所曾燒死許多接生婆，而這些女人卻沒有從歷史中學得教訓，如今仍應人們的召喚前去接生。然而就某方面來說，她們將那些焚人火焰的熱度藏進了骨子裡。

七十七歲的裘菲麗娜．寇斯達．多士．森多斯（Jovelina Costa dos Santos）是彭達．葛蘿沙．多．比里利（Ponta Grossa do Piriri）最有名的接生婆。距離馬卡帕（Macapá）約六十英里的那個村莊，幾十間房子與田地零星散布。「神賦予了我這項特質」，她站在門邊說。裘菲麗娜臉上的皺紋多過夜空裡的繁星，當她開心地張大嘴，彷彿地球的一小塊就要從她嘴裡掉出來。其實，她並非感到快樂，她笑，只是因為決定不再悲傷。這就是裘菲麗娜，令人費解的簡單。每回她醒來，不見得能知道自己下一次睡去之前是否有東西可吃，但就她看來，自己要比大多數人富足。「我的姊妹啊！孩子們是財富，是美麗的小東西。」

這更像是她的哲學：「在這裡面對這些不再流動的死亡之水，我們要嘛就讓這個世界到處都是孩子，要嘛我們就消失。」這是理解它的唯一方式，卡博卡拉族人裘菲麗娜抿嘴咬牙，威脅著要讓地球陷入黑暗，說：「我只有八個。」只有？「只有，當然啦。生孩子這麼棒……」她露出魔鬼般的笑容，說：「我很樂於多來幾個。」

她首次在世人面前嶄露頭角時還是個年輕女孩，那是神為了將她推向命運之途所設下的陷阱。每次她口述自己的故事總是吸引了人們圍觀，值得收取門票。「頭一回的孕婦是塞維里奧的妻子伊莎貝爾，當時他離家去了佛達・達斯・寇布拉斯（Volta das Cobras）。『別擔心，夥伴，』我媽說，『伊莎貝爾可以和我們待在一起』。那天晚上伊莎貝爾開始發燒、打冷顫，但她都沒有吭聲。到了早上，媽媽下田去，留下我與伊莎貝爾在家。『裘菲麗娜、裘菲麗娜，把洗澡水準備好。』」她用另一種語氣中斷故事，好區辨裘菲麗娜是她自己。「『準備好了，伊莎貝爾。』我說。『跟你說，我在黎明前感受到了一股可怕的寒意。』她說。『真的嗎？伊莎貝爾。』我說。『真的，裘菲麗娜。』孩子出來時，我正在梳頭髮。『裘菲麗娜，小妹，幫幫我。』伊莎貝爾躺在蚊帳下，我接住了嬰兒；但他全身冰冷，已經死了。媽媽回來之後問我：『裘菲麗娜，還好嗎？』『沒事，媽媽』。然後她說：『好吧，女兒，從現在開始，你就成為我的接班人吧！』而我也做到了。」

裘菲麗娜只能仰賴聖・巴爾多羅梅歐（Saint Bartholomew）的幫助，祂是接生婆的守護神，就像是聖·海孟度·諾納圖斯（Saint Raymond Nonnatus）[3]、保佑順產的聖母，以及其他更多聲名顯赫的教座。但祂不該念作「聖·巴爾多羅梅歐」，對裘菲麗娜來說，他是「聖·巴爾多羅梅」（Saint Bartelemee），帶點法國味而且更閃耀。「下午四點，巴爾多羅梅起身，抓起他的工具。他走上自己的路，遇到我們的聖母。她問道：『巴爾多羅梅，你要去哪裡？』『我正要前往聖母的房子。』『去吧，巴爾多羅梅，我將在那裡給予你天賦，讓婦女不再死於難產，嬰兒也不會窒息。』」就這樣，只要吟誦這段禱詞，嬰兒就會準確地落在接生婆手上，順利誕生到雨林中。

裘菲麗娜一生中只有兩個陰影，每每提起，她甚至不容許自己嘆氣，因為連嘆氣都是種奢侈。首先是她的第一任丈夫，至今仍讓她一肚子火，就算他早就死了也一樣。「我為他瘋狂，不過我還是甩了他。他有了我，竟還搞上了另外三個女人。呸！」第二個陰影則是醫生，根據裘菲麗娜的說法，醫生的無知令人驚奇。「我的朋友啊，這些女人在醫院所經歷的，根本就是一種暴力。」她驚恐地說，「如果嬰兒的胎位不對，我們會幫他轉正。我把手放在那兒，推拿再推拿，直到轉至對的方位、頭的方向也正確為止，根本不需要動刀。那些醫生，可憐的東西吶，他們不知道如何幫嬰兒轉換方向。」

臨別之際，她呼喚著她的「肚臍寶寶」，藉以向訪客炫耀一番。她沒把全村的人都叫來，只是因為很多人正在隔壁村莊參加足球比賽，而場上的兩支球隊可都是裘菲麗娜接生的。這位接生婆拄著她那彎曲的加林查（Garrincha）[4]大腿站在台階上，她那雙充滿祝福的手插著腰，吼道：「過來，你們這群兔崽子！喔，如果我媽媽以前送我去上學，我的日子肯定不會這麼難過。」她再度綻放笑容，照亮了天空，語氣變溫柔：「真是一群漂亮的孩子，不是嗎？」

分娩是女性的奧祕，在女性族群之間；它由女人完成，是屬於她們的事。雨林的接生婆始終無法理解，在醫院這樣的死亡搖籃中生命如何展開；在醫院，誕生彷彿是一種疾病。每個接生婆心中都認為，痛苦預示著誕生的狂喜，如同日與夜密不可分，是一體之兩面。分娩不是受苦，而是值得慶祝之事。「我是從必須孕育孩子的那一刻開始得知箇中奧祕的。如同處女不會討論性愛，所以她們提起性時並不會有愉悅感。」六十三歲的荷希爾妲・究阿琪娜・達・席爾瓦（Rossilda Joaquina da Silva）說。她育

3〔編註〕聖・海孟度・諾納圖斯，西班牙加泰隆尼亞的聖人。他是剖腹產下的，是分娩、助產士、兒童、孕婦的守護神。

4〔編註〕加林查（Garrincha）為巴西足球明星馬諾爾・桑托斯（Manoel Francisco dos Santos）的外號，是球王比利（Edson Arantes do Nascimento）場上的好搭檔。

有十一個孩子、二十個孫子與四個曾孫。「孩子來到這世上的時刻，女人會聚集起來，這是一種榮耀。」

荷希爾妲非常的黑，黑得猶如在馬卡帕附近的庫里亞烏（Curiaú）其隆波（Quilombo）[5]地區那般。她張開胖胖的手臂，不論是接生嬰兒、縫製衣物、為病人祈福，都顯得壯碩有力。「內庫里亞烏、外庫里亞烏，我到處接生。人們經由我的雙手呱呱墜地」，荷希爾妲是那樣莊嚴。她放下掃把，述說起自己的命運，她一邊在搖椅上晃啊晃，一邊吟誦，每次遇到生產不順利，她就會吟誦這首助產之歌。「請賜給我力量，喔，主啊！我光榮的聖約翰。聖約翰停泊在約旦河。請幫助我，喔，主啊！慈悲之神，您是傾聽我請求、支撐我的繩索。」

在庫里亞烏，荷希爾妲的其隆波族人正在舉辦聖拉撒路（Saint Lazarus）慶典，祂是狗兒的守護神。正如荷希爾妲所說，就連狗都有聖人，荷希爾妲一如往常溫婉地描述狗狗的宴會有多可愛。「牠們吃牛肉、基督教食物。每隻狗的桌上都有自己的碟子，展現出尊重與禮貌。一切都非常文明。」

當地的《其隆波報》（*Jornal do Quilombo*）刊登了接生婆長子薩巴（Sabá）所寫的標題：「重擊了頭部幾次，公羊奇貝成了耶誕燒烤大餐。」更詳盡的報導出現在報紙的最後一版：「奇貝是頭非常調皮的公羊，不僅好動，而且明目張膽，一逮到機會就追著人到處跑，還把孩子們撞倒。雖然每個人都想念牠，但牠的命運早已注定：最終要成為耶誕大餐。」

這就是庫里亞烏，一塊聲韻澆灌的土地，那些旋律來自這樣的日子——你不得不在樹上唱歌，唯有如此才不致屈服於絕望。就像這塊土地，荷希爾妲也是精通魔咒的女人。每次分娩，另一位接生婆安吉麗娜都會陪著她。安吉麗娜是被召喚而來的靈魂，她很久以前就脫離肉身了。生與非生，荷希爾妲不會分享這個二重奏的祕密：「否則它的價值就消失了。」

等月亮走過天際九次，她們就會叫庫里亞烏的男人避開，這樣事情才不會被他們搞得一團糟。在這些時刻，男人就只會大驚小怪。分娩是女人的事，不論是不是接生婆，鄰居從四面八方而來。她們擠進屋裡，煮咖啡、熬粥，開始說故事、開玩笑，分散孕婦的注意力。荷希爾妲微笑了一下，又祈禱了一會兒，從頭到腳穿了一身白，

5〔編註〕Quilombo，為非洲奴隸逃脫後建立的生活地區，音譯為「其隆波」，Quilombola（其隆波拉）也就是根據這個詞而來的。

幫孕婦肚裡的嬰兒轉正位置，密切注意陣痛的情形。在你意識到之前，「嬰兒就突然呱呱墜地了」。接著才會把孩子的父親叫回來，要他對空鳴槍。如果是男孩就開三槍，生女孩就開兩槍。若生的是男孩，可能就是又多了一個卓金（Joaquim）或海孟多（Raimundo）；若是女孩，通常會取名為瑪麗雅（Maria）。

荷希爾妲的孩子就是這樣出生的：塞巴斯奇翁（Sebastião）、耶拉奧多（Eraldo）、蕾歐妮希（Leonice）、蕾歐紐薩（Leonilza）、蕾歐妮拉（Leonira）、蕾歐內奇（Leoneide）、蘿冷薩（Lourença）、蕾西歐妮（Leicione）、蕾毆得妮希（Leodenice）、雷歐吉法奧多（Leodivaldo）……。「我有沒有漏掉誰？喔，對了，還有路西法奧多（Lucivaldo）。」她的孫子與曾孫也是這樣出生的。未來，她的玄孫也將如此出生。荷希爾妲站在門口，頭上是阿卡普木（acapu）做的十字架，用來擊潰邪惡的力量，她哼唱了一首詩歌，向我們道別：「我乃接生婆，雙手潔淨，內心純淨。接生嬰兒是我的奇技。」

女人的雨林是歌唱之地。「他們說我們什麼都不是，但是，喔！他們錯得多離譜。看看我們多麼有條不紊，身為接生婆，我們堅定剛強、屹立不搖。」泰瑞莎．博達羅（Tereza Bordalo）用巴西北部那種拉長音的語調反覆說著。今年五十一歲的她育有五個孩子、五個孫子，十六歲起開始替人接生。當她在一個女人的陰道上方勾畫出一道看不見的十字架，一顆凱門鱷的牙齒正在她那褻瀆神明的瑪丹娜乳房之間危險地擺動著。

然後，泰瑞莎開始祈禱，進入一個祕密世界，她將不會與任何活著的靈魂分享這個祕密。夜半時分，這個祕密以女人的形貌化現，她穿著天空色的裙子，裙襬拖得長長的。不屬於這個世界的她，低聲命令泰瑞莎擺脫丈夫，那個無辜的傢伙正在她身邊的枕頭上打呼。泰瑞莎夜復一夜都擺脫不了這個幽暗夢境的糾纏，幾乎連打盹都不可得，否則那個女人便會立刻現身，她完全是夢所形構的。泰瑞莎厭倦了日後都要在這裡爭鬥，於是叫瓊昂．博達羅（João Bordalo）去別的地方睡覺。唯有如此，這個靈體才願意坦白為什麼她會在消失之前出現在這裡。然而，一開始她便威脅地說：「不要向任何人透漏我的祕密，否則我會毀去你的力量。」從此，泰瑞莎在女人的大腿之間接生，再也沒遇過麻煩。

每逢冬天，在亞馬遜雨林的泰瑞莎必定隨身帶傘。她揮舞著傘，召喚雨林的接生婆前來一起進行感恩儀式。她充滿活力地踏上聖喬治（Saint-Georges-de-l'Oyapock）的土地，那裡是法屬圭亞那之境，不屬於巴西，與巴西的奧亞波基隔河相望。她用法文和朋友打招呼：「晚安，你好嗎？」越過邊境，那裡的人都稱接生婆「女士」，或更確切地說，是用法文稱喚她們「夫人」。就像瑪麗．拉邦特夫人（Madame Marie Labonté），她是卡里布納族人，偷偷溜進了灌木叢探尋蛇蛻下的皮，舉止神態宛若少女。「如果你喝了蛇皮茶，嬰兒出生時就不會疼痛了，你說是吧？」「沒錯，謝謝，誰敢說不是？」

她們從雨林深處溜出來，膽怯而沉默，可能打赤腳，也可能穿著拖鞋。這些接生婆都很窮，其中許多人甚至沒了牙齒，還有人只吃得起木薯粉。幫助人們降生到世上，並未讓她們掙得一分一毫。「我這輩子最想要的就是一張漂亮的床。」六十六歲的施西利亞．弗吉（Cecília Forte）嘆道，說起眠睡之處，她的身體只體驗過棉布製的吊床。她的心臟在飢腸轆轆時示弱，威脅著要停止跳動；但施西利亞骨子裡跟堅硬的獸皮沒兩樣，她挨住了。她坦承自己不太喜歡接生孩子，「我最喜歡縫補舊衣服。為什麼？嗯，我想所有老人都喜歡縫補衣服。那有點像修補人生，這裡修一修，那裡補一補。」

德歐比娜．多士．森多斯（Delfina dos Santos）今年五十六歲，她舉起手循順著她的接生之路；那是雙黝黑、粗糙的手，兩隻手掌上滿是紋路，她曾迎來的所有生命都交織在那些紋路之中。「我替艾雷米塔（Eremita）接生過了兩次，艾爾維拉（Elvira）

一次，奧得特（Odete）一次，艾茲米拉（Alzemira）一次，萊利安（Leliane）一次，海倫娜（Helena）兩次，塞琳娜（Celina）一次，約瑟菲娜（Josefina）一次……。」接生之路依舊持續中。

瑪麗．拉邦特十五歲就幫媽媽接生孩子。瑪麗雅．荷莎莉娜．多士．森多斯（Maria Rosalina dos Santos）替自己的女兒接生。就像四十五歲的納齊拉．納西索（Nazira Narciso），在接生婆拒絕接生時，她同樣迎來了自己的孫女；因為女孩的肚子是很「私人的」，「她沒有丈夫。」納齊拉解釋道。不論這個孩子是孕育自海豚還是聖靈，「上帝就是他的接生者」，只不過是經由女人的手來完成，納齊拉相信，因為分娩「必須是平等的」，「無論印第安人、黑人／混血（crioula）、巴西人，都是相同的痛苦，相同的哭聲。」

她們的生命之手交握，她們那走過許多路的雙腳在雨林的腹地融合成了一個圈子。這些接生婆感謝黎明的神性，就像世界上所有生物一樣，白晝在精準的時刻裡到來，不需要任何東西或任何人將它從夜晚的子宮裡拉出來。晝日與嬰孩都遵守同樣的規律，蘊含相同的種子，兩者互補，組成這世上唯一的宇宙。

接生婆舉起蠟燭，讓光線照亮她們工作的地方。她們祈求大地、河流、森林的保佑；這是姊妹之間的細語，悄悄進入耳內。這個畫面訴說著一個聽而不聞的社會，遺忘了臍帶比起這個宇宙裡的人造世界，有著更重要的意義。身為雨林中最年邁的接生婆，多麗卡的聲音迴盪在每個女人之間，她說：「是時間創造了人類，不是人類創造了時間。分娩是難解的奧祕。至於嬰兒，我們從不把他們拉出來。我們只是接住他們。」

如今圈子打破，接生婆爬上船，航行在巴西邊境的河流。她們應召喚而去，那是只有她們聽得見的召喚。

2 窮人的喪事 Burial of the Poor

世上最可悲的，莫過於窮人的喪事了，因為窮人打從一開始就在生活中滅頂了。這是恩東紐說的，他是從古老的謙卑之土雕塑出來的人。他害羞到不大敢說話，一旦開口，他就擔憂起自己是否聲音太大了。每當他抬起雙眸，他便擔心僅只是這個大膽的舉動就會冒犯到他的老闆。恩東紐．恩都內斯（Antonio Antunes）這麼說，他剛下葬了還未來得及見上一面的兒子的棺木，那個九百三十克重的孩子死在母親的肚子裡。恩東紐想要看一眼兒子的臉孔，但那個將孩子遺體從冷凍櫃取出的員工不准許。恩東紐在愉港（Porto Alegre）市中心用四美元買了一套小衣服，這樣他的兒子就不會像動物幼崽那樣赤身裸體地下葬了。終究，恩東紐沒能替孩子穿上衣服，他接手的只是一具小小的白色棺材。他抱在懷裡，把孩子葬在慈悲醫院聖地公墓（Mercy Hospital's Holy Ground Cemetery）的二〇二六號墓地。

當泥土覆蓋在兒子的淺墓上，這個父親明白自己的心絕不會跟著被埋進去。因為恩東紐·恩都內斯在那瞬間意識到，一個淺墓與埋進了山坡墓地裡的義捐棺，將是他、他倖存的孩子與未來的曾孫共同的命運。就像生在他之前的父母與曾祖父母，他們的命運也一直是如此。當他抵達山腳下的聖地公墓，埋葬了他那無名之子後，恩東紐宣告了自己的判決。他低著頭，眼中的火焰被淚水與痛苦悶熄，而這樣的痛苦可能早在巴西被發現之前便已存在，恩東紐·安圖尼斯說：「這就是窮人之路。」

他如此痛苦、如此絕望地說出口，這些話劈開了貧窮的墓地。只有字字出自靈魂、延伸成句，再由人的口裡說出來，一個句子才真正存在。這是語言的總和，而悲劇蘊含其中。若非如此，語言就只是子音與母音構成的虛偽之物、聲音與空間的廢物。而恩東紐如此痛苦地說出這句話，就連在牆另一邊歌唱的畫眉鳥都沉默了，彷彿預言了這句死亡之語就是一個人的人生。

這篇報導寫到這裡就可以結束了，因為一切均已道盡。只不過，有時如果要澈底理解一個故事，就不能只用一種方式講述。

世上最可悲的，莫過於窮人的喪事，因為沒有比生離死別更糟的了。世上最殘酷的，莫過於一無所有，就連死亡都沒有一席之地。生前沒有自己的地方，死了也沒有。生前一無所有，就連埋在六呎之下也一無所有。對窮人來說，最終極的悲劇就是即使死亡，他們也擺脫不了命運。

這就是伐木工恩東紐．恩都內斯的領悟，而最終擊潰他的，也是這番領悟。因為這只是開始，而且沒有盡頭，未來只有更多相同的際遇等著他。像恩東紐這樣的人，都是如此出生與死亡的，從這個意義上來說，那個從未活過的嬰兒只不過省了點時間，他放棄了那些插曲——在所有人生留給他的死亡形式之間的插曲。

若想要理解結局，你必須先理解開始的原點。恩東紐離開墓地時，身上連搭公車回去的錢都沒有，就像他也沒有錢離世一樣。他的嫂子帶著他跑遍愉港，還讓他借宿，因為他是從一個煤礦小鎮來到這裡的。某個星期五，他不停剝著桉樹樹皮的同時，他的妻子感覺到溫暖的血液沿著自己的腳往下流淌。當時她正在醫院徹夜未眠地照顧著六歲的女兒，這個小女孩從出生就不曾走過路。她告訴醫院的年輕女士「肚子出事了」，結果他們說那沒什麼，只叫她回家。

隔天剛破曉，恩東紐就帶著妻子回診間了，獲得的僅只稍加安置，接近中午，恩東紐克服了自己溫順的本性，威脅著要報警，才被轉診至愉港。可惜他們來得太晚，孕婦雖然得救了，但嬰兒死了。究竟死了多久，沒人知道。他們五歲的兒子，像姊姊一樣從未下床走過路，週日，也被救護車送進了首都醫院的加護病房。他們發現他罹患了肺炎，而在這之前他已經接受了好幾天的治療了，只不過他們治的是其他病。他一直留在醫院裡，他的父親則在候診室與死神對抗。

週一，天還沒亮，恩東紐就離開了醫院，暫時拋開一個孩子身上的死亡氣息，看著另一個孩子下葬。一整天，他都在醫院與公證人事務所之間來回奔波，因為醫院忘了在死亡證明上蓋章、讓醫生簽名。這一切，他得步行好幾公里才能完成，因為他沒錢搭公車。這一切，他都是餓著肚子完成的，因為他也沒錢吃午餐。這一切，全是嫂嫂帶著他辦完手續的，她十五天前才剛失去自己的孩子，是胎死腹中。十五天前，他的嫂嫂也在聖地公墓埋葬了自己的兒子。而從週一到週二，他只吃了一餐：白飯配高麗菜。

對恩東紐·恩都內斯來說，當他抵達墓地山腳下，說出那句人生警語之時，一切仍尚未結束。恩東紐剛埋葬了一個孩子，如果那個孩子的父親不是窮人，或許他就不會死。一具別人捐贈的棺材，一處暫借的墓地，在整個首都唯一接納窮人下葬的公墓坡地，光是這些理由，就值得世上每一個恩東紐永遠感激。

對恩東紐來說，一切尚未結束，因為他知道自己很快就會回來。一切都將維持著現況。一如既往，活著是怎麼活，死了也一樣。他留下無名的孩子，葬在淺墓中，沒有牧師，沒有鮮花。窮人的墓穴下挖不到六呎，因為三年的期限到了，處理屍體會比較容易。接著，這兒必須為另一個窮人的小小孩貢獻三年。如此這般，這種情況持續了五百年。

在聖地公墓柔軟的土壤下，安葬了超過兩千個十字架，每一個命運都像恩東紐一樣。為了理解報導的其餘課題，我們必須先了解窮人的死亡。我們必須明白，窮人之死與富人之死之間，最大的區別不是前者孤獨下葬、後者有眾人送行，不是前者連花都闕如、後者喪禮隆重，也不是前者只有普通木棺、後者有雪松木棺材；甚至不是前者草草下葬，後者慢慢進行。

最大的區別是，窮人的喪事最令人悲傷的不是他們的死亡，而是他們的人生。

3
瘋子
Crazy

他們說他瘋了。自從有一天早上，他第一次出現在牛肉、乳製品與馬匹博覽會大門，他們就說他瘋了。抵達時的他精疲力竭，飢腸轆轆、非常飢餓。那是一九九一年，他十五歲。他來自巴西與阿根廷接壤的城市烏魯瓜亞納（Uruguaiana）。這段旅程，他或是徒步，或是跟一堆動物擠在卡車裡，最後花了三天才抵達目的地，但終究是到了。

某天清晨，他帶著掃把出現在博覽會門口，逢人就介紹那支掃把是他的馬。他要求博覽會開一張健康證明給他，這樣他的「馬」就可以在表演中插上一腳。他騎著他的木馬走了幾步，把金轡獎（Freio de Ouro，克里歐羅純種馬〔Crioulo breed〕的大獎賽）比賽需要做的動作全表演了一遍。於是，他開始參與博覽會，那是一場盛大的節慶，位於巴西最南端的南大河州（Rio Grande do Sul），與烏拉圭接壤。在那裡，當地人被稱為「高卓人」(gaúchos)。這個名字已存在數世紀之久，用來稱呼那些無需馬鞍就能騎馬的人，他們遊蕩於南美洲的大草原，在草原的水平眩暈中迷失自我，又找到自我。

他名叫凡德雷・費黑拉（Vanderlei Ferreira），出身貧窮，從未上過學，但如今在動物科學大學上課。每年他們都會替他剃頭，彷彿他還是個大一新生。他在課堂上旁聽，有時甚至參加考試。如果他的人生觀直截了當一些，少去那些拐彎抹角的比喻，他便會發現自己是個文盲。既然他的終極學習目的是了解一根掃帚，那麼他一定可以畢業拿到文憑。

凡德雷住在烏魯瓜亞納，他是當地民間傳說的一部分。提起睡覺，他有時躲在加油站，有時窩在叔叔家，他還曾把一台福斯商旅車當成了住處。不論睡在哪裡，他始終選擇保持邊緣人的狀態，但不明確畫出邊線，他透過他牧場的窗戶凝視著成群牛隻，儘管包著舊毛毯，窩在不起眼的角落，他還是設法去觀察、感覺與碰觸這一切。當他醒來時，他抓起了一支玩具手機，站在巴西銀行（Banco do Brasil）的門口不走，命令領班：「把牛裝起來。」

自從發現南大河州最大的博覽會之後，他一次都沒錯過。他抵達會場時，身上都是動物叮咬的傷痕，頭皮成了跳蚤群的牧場。獸醫替他沖澡，消毒他的皮毛，甚至給了他一雙靴子。博覽會裡到處都是接濟他的恩人，有人分了一些烤肉給他，有人給他帽子和燈籠褲（一種在大草原上穿的寬鬆褲子）。他穿著白色的獸醫袍，腋下夾著記事板走來走去。他整個白天都在博覽會裡跑來跑去，到了晚上，就睡在隔離檢疫的穀倉欄廄裡，擠在生病的母馬與公牛之間。有時，他把自己的那匹馬留在某些參展攤位的門口嘶鳴，自個兒則跑去對著一些女孩的耳朵喃喃吟誦：「鴨子失去了羽毛，魚失去了鱗片，我浪費時間去愛一個不愛我的人。」

當他的木馬開始猛然拱背甩動，人們大笑了起來，引來牠的飛踢，瘋子也笑了，而且笑得特大聲。

語源學家瓊．科羅米斯（Joan Corominas）將「高卓」定義為無特定來處，就像無母的小牛般一貧如洗的孤兒。根據學者裘瑟．德．杓登仰（José de Saldanha），高卓人就是流浪漢。費利克斯．德阿薩拉（Félix de Azara）說，高卓人是不知道怎麼用腳走路的人。套句卡洛斯．黑維貝奧（Carlos Reverbel）的話，高卓人是「冒險途中的追蹤好手，夢想與危險的牧人……他是自己的主宰，浪跡天涯，與自由同行。」

如果這些形容說的全都是「高卓人」，那麼，在博覽會上就沒有人比瘋子更真實可信了。他很可能比任何人都更認真看待這個神話。很可能，像他這樣的高卓人，這世上唯一留給他的東西就是木馬。很可能，理想的烏托邦唯一留下的只有一支掃帚。

甚至，很可能，他瘋到虛構了「高卓人」。

我拉著自己的馬，停在他那匹馬旁邊。「凡德雷，你瘋了嗎？」

他看著我，彷彿我才是那個瘋子。他掄起拳頭，敲了一下自己的頭，敦促我用一下我的大腦。我試了。

「你為什麼來博覽會？」

在烏魯瓜亞納的大學裡，我聽說我們這些學生獲准參加博覽會。那是一九九一年，我直接就徒步衝過來了。

「但這段路超過三百五十英里，會不會很難走？」

「那是我一生中最糟糕的經歷了。沒人想帶我一程。我餓到前胸貼後背，足足花了三天才走到。但某天早上，我終究是到了。」

「當時你腦子裡在想些什麼？」

「這是我人生中最棒的一天。我被一大堆事物嚇壞了。我希望這一天永遠不要結束。」

「你的馬呢？」

「我的馬是掃把。我希望它是真正的冠軍，像BT法瑟羅・多・俊寇（BT Faceiro

do Junco）[1]那樣，但它只是支掃帚。」

「既然你明知它是掃把，那你騎在上面的時候在想些什麼？」

「我夢想著自己正騎在一匹真正的馬上，馬背載著一個漂亮的女孩，我要耍套索，踢馬刺……。」

「你的馬長得什麼樣？」

「它是匹有斑點的白馬。」

「你跟你的馬做了些什麼？」

「我騎著牠遊行，參加測驗。有一次，在烏魯瓜亞納，他們給我們打了分數。當時我做了所有金轡獎比賽要求的動作。我也曾經沿著大道遊行，人們為我起立鼓掌。」

「你的女朋友會是怎樣的女孩？」

「我希望我的女朋友不要管太多。我想出門的時候，她會說我想去哪裡是我的自由。」

「有時候你會睡在加油站外面的車子裡。你怎麼看這件事？」

1〔編註〕BT法瑟羅・多・俊寇，史上最出名的克里歐羅品種馬，擁有非凡的血統，血統系譜上前七代皆為名駒。

「我當成自己和女朋友在牧場上過夜。」

「你做過牛仔的工作嗎？」

「我去做了牛仔了，但他們希望我清晨四點就起床，做一些大可以六點再做的工作。結果我做不來。」

「所以，牛仔的生活沒那麼好？」

「那真的很難。一個人受苦、受傷，最重要的是還賺不了多少錢。我不想成為牛仔，我想當獸醫。」

「你會去上大學嗎？」

「我上課，每件事都學一點，但我不知道如何讀書、寫字，只學會數字。」

「你最近這次是什麼時候到博覽會的？」

「我週五抵達的，當時搭了卡車，車上有些純種公牛，還剩下一點空間。」

「博覽會結束的那天？」

「這讓我很傷心。」

「是怎樣的傷心？」

「深深的悲傷。」

「你是怎麼離開的？」

「我傷心地離開，心事重重地躺著，我回去和那些動物待在一起。」

「你在博覽會只騎馬嗎？」

「我從來沒下來步行過。」

「你騎過真正的馬嗎？」

「騎過一次。」

「你覺得怎樣？」

「比騎掃把好多了。」

「你明知這是幻想，你騎的其實是一支掃把。即使如此，你還是騎著掃把到處晃，為什麼？」

「有時你得憑空幻想，否則生活一點樂趣也沒有。一切將變得非常困難。」

「有些人認為你瘋了。」

「事實是，那些認為我是瘋子的人，根本沒有推理能力。」

我花了幾年時間才明白，騎在木馬上的高卓人為「人類生活」提供了最好的定義：

我們都擁有一支掃把，心裡卻都希望自己擁有一匹馬。人生就是這種介於掃把與馬之間的飄移，永遠是在未完成的狀態。

4
雜音
The Noise

在此，我們稱他為Ｔ。

第一次見到他的時候，他的眼睛立刻吸引了我的目光。從那雙眼睛看得出來，眼睛的主人發現了什麼不可思議的事物了！他終於看見了，但腦子卻還沒轉過來。那是一副始終驚訝，卻又伴隨著懷疑的表情，像是在期待著有人能夠立刻且隨時向他保證，這一切都是個錯誤，好重建他的信心，讓他的世界轉回正確的軌道。他說：「他們知道，他們一直都知道自己正在殘殺我們，但他們仍然持續這麼做」。他沒有看著我，而是望向介於裡與外之間的地方，他似乎被困在了那裡。

此刻，我正在他位於聖保羅都會區的家中，他說完這句話之後便沉默了。他的沉默讓人燠熱難當，雖然天氣一點也不熱；熾熱的，只有他的話語。起初我聽見時，聲音是很微弱的，但那噪音其實一直都在，如同蚊子嗡嗡的聲音一般，讓人不會立刻察覺，所以我充耳不聞。我尋覓著聲音的源頭，遠離他那雙飽受蹂躪的眼睛。雜音愈來愈大聲，突然間，我搞不懂之前為何沒有聽見。我的耳朵把自己的注意力吸引到了他的胸口。他穿著一件襯衫，雖然熨燙得很平整，但還是稍有些皺褶。

一時之間，我全神貫注地看著那件襯衫，竟感動不已。以前我看過其他人穿著這樣的襯衫，全都是些窮人的襯衫，大多是貧窮工人穿的，每件襯衫都承載了巨大的勞累，如同一整個人生般巨大。襯衫的剪裁很差，布料的品質挺好的，但卻印著過時的花樣，而這件襯衫讓人有股想上教會的衝動[1]。襯衫上可見到許多磨損，不過非常乾淨，顯然是深愛丈夫的妻子精心熨燙過的，好讓她的男人在記者面前看起來體面一點、可敬一些。最重要的是這麼一來，他看起來才會像他該有的樣子——一個擁有收入的勞工，終生待在同一家公司的勞工。

這件襯衫也傳達了一個窮人的恐懼——害怕被貼上不中用的標籤，不斷受到警察羞辱，永遠得證明自己不是小偷、沒殺過人、白天不睡懶覺、沒裝病蹺班、不是那個在錯誤時間出現的錯誤的人。日復一日，竭力證明自己的無辜，比規矩更規矩。他結婚時穿的鞋子也在說著類似的故事，那是雙黑色的尖頭鞋，穿在腳上顯得非常笨拙，那厚厚的鞋底注定就是要踩在工廠地板上的。然而，這雙鞋是適合現在這個場合的，泰半他的妻子這樣向他保證過。記者幾乎是權威的象徵，跟ＶＩＰ貴賓沒兩樣。他一打開門，在他的雙眼回到正常位置之前（原先他的眼睛一直飄移著，彷彿受到驚嚇般），他又迅速走了回來，並拿出員工手冊遞給我。我的員工手冊鮮少離開抽屜，它從來不是帶給我驕傲的來源；但他的，這個貧窮工人的員工手冊卻是一種證明，而在一個讓他生來就備受懷疑的社會裡，更是保護他的盾牌。

我們依然站著。我伸出了手輕輕擋住那本藍皮本子，這個動作總是令我尷尬。「你不需要給我看，」我說，「我相信你，先生」。而他，顯然相當沮喪。他要我坐在雙人椅上，同時拉出一把藤椅自己坐下。我要求換個地方，解釋說我寧願坐直一點，這樣比較好寫字。他不太能理解，但還是同意了。然後，他把藍皮本子放在我們中間的茶几上，旁邊擺了一個插了塑膠玫瑰的花瓶、一張阿帕雷西達聖母（Nossa Senhora Aparecida）的照片，還有一個相框，裡頭是全家人站在婚禮蛋糕的前方笑著，蛋糕上裝飾了巨大的粉紅冰花（雛菊，或許吧？）與兩個小小的雕像（新郎與新娘）。他小心翼翼放下藍皮本子，彷彿自己那雙因為操作機械而變得粗糙的雙手會傷到它。然後，它就一直放在那裡，像座紀念碑般在那保護著他，免得被我給傷害了。

1〔編註〕此處葡語原版為「襯衫裡有一種想去彌撒的念頭」。另見〈英文版譯者的話〉之說明。

可是我分心了，我試圖找到雜音，那個聲音引起我注意到他襯衫上的白色小鈕扣。在那些鈕扣底下，他的胸口痛苦而緩慢地起伏著。這會兒，那個聲音幾乎變成轟鳴了。為什麼我之前完全沒注意到呢？從那一刻起，我發覺自己總在正視著它，聆聽他的胸口上下起伏，彷彿他的肺想要趁每次呼吸多吸進一些空氣，卻次次徒勞。我想，就像離開水的魚試圖呼吸一樣的失敗。那是一尾下一刻就會死掉的魚，而他自己心知肚明。他那呆滯的目光，像極了魚被扔上岸的模樣，根本毫無準備就從自己熟悉的世界被丟了出來。

突然間，我尋覓這麼久的雜音籠罩了整個房間，而且當他繼續說話時，那個雜音似乎就快蓋過他的聲音了。沒多久我就受不了那個雜音，一度想要找出按鈕，好把它關掉，彷彿它是老戲劇裡法庭天花板上的電扇。我清楚地知道永遠擺脫不了這個雜音，就像我也擺脫不了那個表情一樣。此刻，他從呆愣中回過神來，並且盯著我：「你聽到了嗎？」他怎麼知道？我很尷尬。「某天晚上，我便再也無法和我太太跳舞了，那時是我第一次聽到這個聲音。當時我們正在跳舞，每個人都知道我的舞步極佳，就在我準備好好秀一下時，旋轉了幾圈之後就不得不停下來，我喘不過氣來。」

我聽他說著，同時也聽著他胸口那斷斷續續的聲音。我想要逃走，但強迫著自己繼續坐在那兒。他似乎沒有注意到我的不安。T想要傾訴，而我應該是想聽的；然而我卻只想逃離那個雜音，它也開始讓我感到窒息了。「這是波麗露舞曲，〈僅此一次〉（Solamente una vez）[2]，你知道這首歌嗎？」他輕聲哼唱，完全沒注意我。「我一生就只愛過這一次，僅此一次，不會再有」（Solamente una vez amé en la vida. Solamente una vez y nada más……）他忘我地回到舞池之前，就精疲力竭地停下來了。「來，坐在桌旁，我再也聽不見歌詞了。我只聽到身體裡發出的聲音，那東西偷走了我的空氣。」東西？我複述了一遍，輕聲質疑，就像精神分析師在診療間的無菌環境下打斷他的話。

「那東西，你知道的，就是石棉。」他再度看著我。他用大手輕輕揉了揉胸膛，他的中指因為某次受傷而扭曲了，或許是一場勞工事故。我在記事板上寫了下來，準備等一下問問他。「它就在我的身體裡。我即將死去，而它將會一直留在我的裡面。」他似乎再度陷入迷茫的狀態。

他的妻子用托盤端了咖啡進來，盤子裡還放了些餅乾。「讓生活甜一點。」她說。

2〔編註〕此處的波麗露（Bolero）乃指一種源於古巴的音樂類型。〈僅此一次〉之原曲由墨西哥歌手阿古斯丁·臘拉（Agustín Lara）寫成。

我充滿感激地笑了。但有那麼一瞬間，我突然想要哭，不是因為面前這個被恐懼擊倒的男人，而是因為杯子上的小花紋，那讓我想起了阿嬤的廚房。也因為那些餅乾，在我小時候，餅乾也是「準備給客人吃的」。還有因為她的頭髮，我猜想，她把頭髮綁起來是為了給我好印象。接著是她准許自己在沙發坐下，挨著她老公。她幾乎坐在邊邊上，不確定自己是否應該留下，但還是冒險地坐下了。

T似乎沒有留意到她坐在旁邊，只是說個沒停，彷彿他不是在對我說話，而是對某個只存在於他內心的人說。「當初工廠開張，每個人都想要一份工作。工廠規模很大，大家都覺得很棒，它代表進步與成長即將到來，而我們想要參與其中。我還年輕，家人從農村來到了城市，追求著更好的生活；我想，如果自己每件事都做對了，就可以跟著公司一起前進。你知道的，跟公司一起成長，那是我們當時的想法。我想，我確實進步了。」他在自己的屋子裡，用雙手做出向外橫掃的動作。當我透過他的眼睛去看時，這間簡單卻建得很好的磚房瞬間變大了。他的妻子對自己的第一次開口有些猶豫，但她還是替他把想法說了出來：「你知道的，我們想結婚，但除非他有工作，否則我爸爸是不會同意的，所以這間工廠是我們所有的希望。」

現在她自信了起來，她的背沉入仿天鵝絨的花卉沙發布裡，但身體前傾，雙手在小藍花洋裝上動來動去。是個愛花的女人吧，我這麼想著。不過屋子裡沒有鮮花。「她的父親想要找的，是現實生活中擁有好頭路的人。他是個很嚴厲的人，老派的那種。他希望自己的女兒能嫁給軍人。」為了喘口氣，他暫停了一會兒。「但某天晚上，她跟我跳過舞之後就再也看不上別人了。」

此刻他笑了，瞬間充滿魅力，眼神柔和，我捕捉到他過去那身為男子漢的目光。「你知道的，他舞真的跳得很棒。」她興致勃勃地繼續說，「我所有的閨密都想跟他跳舞。」她有點臉紅。經過這些年，她的臉頰依然宛若處女般純潔。「因為那些劍的關係，我也想嫁給軍人。你的那個年代沒有這種傳統了，你真的很年輕。」她笑了笑，瞥了我一眼，看她剛剛的讚美是否取悅了我。我比了個手勢且說：「我沒那麼年輕。」同時微微一笑。她終於滿足了，接著說：「每當軍隊有人結婚時，其他人就會排成一排，高舉他們的劍，然後新婚夫婦從劍的下方走過去。那是最美的婚禮，你知道的，我們都想要那樣的婚禮。」我問道，發生了什麼事？「我想，我墜入愛河了，因為他是最棒的舞者（bailador）。」她搖了搖頭，羞怯地笑了。

我從未聽過那個詞：bailador——舞者——我在記事板上畫線，免得將來下筆時忘了這個詞。不過，她準備好了繼續往下說。她說話的速度比他快，她的渴望導致自己有些音節含在喉嚨裡，而這樣就可以避免說話中斷。「其他人都嫉妒死了，因為我跟他跳了一整晚的舞。他超帥，你知道的，他擁有這雙眼睛，當時也還沒有皺紋。而且他講起話來相當流暢，喔，他真是這樣的。」

我有一度沒在聽她說話，滿腦子只想搞清楚她過去在他眼睛裡看到了什麼，但我無法忘懷他此刻眼神中的黑暗。鋼筆從我手裡滾落到地上，這完全就是我慌亂時會出現的舉動。她沒注意到，繼續往下說：「當時我很傻，但很幸運。他很努力工作，我們很幸福，你知道的。」她是那種類型的人，習慣用「你知道的」這句話來為自己撐腰打氣，而她也真的付出了很大的努力，「至少在發現真相之前，我們很幸福。」她降低音量，眼神低垂，然後，微笑時間結束了。

我靜靜地等待著，他的胸口上下起伏，就像一輛行駛在陡峭山壁的老車，還有雜音。我試著想像，這個女人怎能忍受整夜聽著心愛男人胸口發出這種聲音，明明想要關掉它，卻知道聲音消失之時就是他的死期；她心知這個雜音永遠會是自己聽過最美妙的聲音，而且每一天都將愈來愈短促。我慌亂地看著她，還以為她聽見了我腦子裡的話語，因為她整個人沉坐進沙發裡，一副想要鑽進去的樣子。

此時的氣氛讓我不知所措，壓得我喘不過氣來，動彈不得。我向來堅信，為了聽見他人的心聲，必須忍受這種沉默，但此刻我卻違反了這個信念，用了比平常更大的聲音提出了一個魯莽的問題。現在，我聽起來這麼像是一個記者——直接、客觀。你什麼時候發現石棉在殘害你的身體的？他嚇了一跳，似乎花了點時間來適應訪談節奏的改變。「什麼時候？」誰、什麼事、哪裡、何時、為什麼與如何——這是每個新聞系學生會在課堂上學到的六個問題，必須在報導的一開頭就給出正確答案，彷彿光用幾個句子就能回答這些問題，而這六個問題就能道盡事件的關鍵一樣。關鍵的是這個雜音，而它沒有變成文字。

「第一批生病的人出現了，但我們不知道這些事環環相扣，這可不像伊波拉病毒。病情進展緩慢，你先是喘不過氣、容易疲倦，直到後來，你甚至再也沒辦法去麵包店買麵包，也不能跳舞。」T說起話來像個機器人，我知道他正盡力回答，但他的心思似乎不在這裡。「你必須明白，」此時，他再度看向我，但依然像是沒在看著我。「這間工廠是我們的衣食父母，我們就是這樣看待它的。它就像是一個大家庭。他們這樣告訴我們，而我們也當真了。在這座城市裡，能進工廠工作是很體面的事，我們都感到自豪。我簡直是把工廠抱在胸前不放，你知道嗎？」他停下來喘口氣。他是否意識到，此時自己確實把工廠抱在胸口裡？他確實心知肚明，我很快便發現了。「我們真的很自豪，我不能說謊，我很喜歡在那裡工作。我的一生都在那裡，我在那裡撫養孩子，當我帶著兒子們去工廠，說著自己在那裡工作時，我感到心滿意足。那是男人的工作。我怎會知道自己將以另一種方式，把工廠真的抱進胸口裡？」他回到呆滯無神的表情。

我搞錯了。T並不完全神遊至他處，而是同時存在於他處與當下。他仍然在講故事，儘管他知道這個故事永遠講不完。這有點像呼吸，即使愈來愈難吸到空氣，他依然設法吸進足夠的空氣，好讓自己活下來。每當他停下話語，不只是因為他回到了自己的恐懼裡，也是因為他喘不過氣來。T已經精疲力竭了，二十世紀背叛了他。

我面前這位衰弱的工人來自失敗的現代，社會進步與強大的幻想，隨著空氣消失。他的身體已經跨到了二十一世紀，像是一顆受到腐蝕的星球。然而，他是第一個付出代價的人。一開始他還以為是抽菸的關係。菸，沒有粉末——石棉粉。如今真相譴責了他，他失去的不只是本身具體的存在，而是他所相信的一切、他的本質，以及他過去所有的生活。這間工廠是石棉跨國企業旗下的工廠之一，總共有數十間這樣的工廠遍布全球，包括巴西。這間照顧他與其他人的家庭式工廠是一種象徵性的建築。這間工廠，一部非常真實而殘酷的機器，根本沒把他當成自己的孩子看待。如果有母親，那她就是米蒂亞（Medea）[3]。那些工廠的老闆，那些遠方的紳士，擁有外國的名字，在他這類人身上只看見骨頭與肌肉。確實，名副其實的，正是他的身體造就了二十世紀最成功的產業之一。鎮上工廠啟用的那天，那些偉大的石棉皇帝很清楚，一旦這些人跨進工廠大門，手上自豪地抓著小藍皮本子，他們幾乎就已經注定踏上窒息而死的命運。再不然就是死於百分百致命的侵略型石棉癌——間皮瘤。進入工廠，就等於踏上通往死刑的第一步，而那些工廠老闆全都心知肚明。

「我花了很長時間才相信他們其實都知道，我們全都花了很長時間才明白。即使生病，即使喘不過氣，我們依然花了很長時間才相信事實竟是如此。」他說，再次開口的他聲音如此低沉，我不得不俯身向前才聽得見。你什麼時候開始相信的？我輕輕問道。他沒有回答，而是在杯子裡放了三勺糖，動作從容，彷彿正在內心某個檔案中尋找答案。他倒了咖啡，然後用小勺子攪拌。他舉杯至唇邊，手輕輕晃動，慢慢啜飲了一口，彷彿這是世上最重要的事。直到那時，我才注意到小勺子的柄尖鑲了彩色石頭，再次發現那也是像極了我童年的東西。一度我把那顆石頭變成瑪德蓮蛋糕，心思

3〔編註〕希臘神話金羊毛中的人物，於故事中殺害了自己的兩個兒子。

逃離了當下。

然後，他的聲音就像刀子一樣，劃破了我的白日夢，把我的注意力帶回了當下。「我唯一確定的是，當他們敲上了這扇門，」他指著自家大門，「給我錢，要我在一張紙上簽名，上面聲明我放棄控告公司的權利。」你簽了嗎？我打斷他的話，我的焦慮用錯了地方。他看著我，而我第一次在他的眼神裡看見恨意，那裡面如此黑暗，令我坐立難安，像是椅子坐起來很不舒服似的。後來，他們告訴我他的眼睛是藍色的，但我並不相信；他們向我保證絕對是藍色的，但我所見的並非如此。那雙眼睛裡沒有天堂，只有地獄。

他太太把手放在他的膝蓋上，好像在安慰他；再一次，他似乎沒有注意到。然而，他從我的手上迅速把筆搶過去，抓著筆說：「不，我絕對不簽，我也永遠不會就此了事。他們必須承認自己謀殺了我們，法庭將迫使他們承認對我們的所作所為。我就要死了，但全世界都會知道他們是殺人犯。」

我沒等他停下來喘口氣就直接插嘴。如果世上沒有正義呢？我知道自己很殘忍，他的爆發是一種力量的最高呈現，也是他最終極的嘗試——試著死得像個人樣。但我得提這個問題，因為我知道正義並不存在；至少，在他的有生之年不會有，或許永遠也不會有。當時我想起某位法官對一名工人的裁決，那個工人因為罹患石棉病而失去了肺，要求賠償。法官宣告：只有一個肺也能活下去。後來，我意識到自己應該保持沉默。他也明白自己會敗訴，但正義是他擁有的一切希望，我沒有權利動搖如此脆弱的幻想。當時的我還不夠成熟，面對如此接近死亡的人類性命，我不知道如何碰觸這種微妙而脆弱的生命。即使如此，他似乎沒在聽我說話。他胸口的轟鳴聲咆哮出莎士比亞戲劇的憤怒。

他站了起來，有個杯子掉到地上，彷彿慢動作畫面。杯子碎了一地，他依然沒聽到。「這裡的一切都是石棉。我的房子是石棉。他們給我石棉，跟水泥混在一起，就可以拿來在我們的院子裡蓋牆和石板。我的屋頂裡面有石棉，我的蓄水池是用石棉做的。他們給我石棉，而我感謝他們！還有，你想知道的話，我不羞愧地說，就連我的內褲都是用石棉袋子做的，還染成了藍色。」

他說話時臉孔扭曲變形，我第一次注意到他的臉頰凹陷了，他渾身灰白，簡直就像個骷髏人，外面只覆蓋了一層薄到幾乎透明的皮膚。「我帶孩子們在灰色的粉塵裡玩耍，他們覺得那些粉塵很美。那是快樂的一天，我們全都不知情。或許我已經判了自己的孩子死刑，我親生的孩子。然而，我並不知道。」他的黑眼睛第一次蓄滿了淚水。

但他沒停下來，此時他說著話就如河水般川流不息。「我的太太終其一生都在盆裡清洗我那些浸透了石棉的衣服，她可能會是下一個。我是個罪孽深重的男人，我害慘了自己的家人，你懂嗎？」我了解，但無法洞悉明白，永遠也做不到。「對他們來說結果可能更糟，他們可能得石棉癌，那個病叫什麼？」間皮瘤，我低聲說道，彷彿這可怕的疾病可能成形，在我們之間化為實體。

我還記得羅曼娜・布拉索蒂・帕維西（Romana Blasotti Pavesi），她是來自義大利城市卡薩萊蒙費拉托（Casale Monferrato）的老婆婆，當地受到石棉汙染，間皮瘤導致她失去了丈夫和女兒，某天他們帶女兒去看那美麗的粉塵在空中旋轉。間皮瘤也讓羅曼娜失去了她的妹妹、表妹與侄子。羅曼娜獨居在公寓，屋子裡只剩下一些小擺飾和紀念品，她有時會從衣櫥拿出一個盒子，由裡頭找出一根長長的紅色髮辮。那是她女兒的頭髮，她會在難以言喻的痛苦中撫摸它。

T又坐了下來。我以為他會回到那個介於外面與內裡的地方，但他沒有。他再次從我手中把筆拿過去，這一回動作很輕柔，我完全沒抵抗。他看著筆，有一度我以為他會折斷那支筆，但T只是以一種近乎莊嚴的姿態遞還給我，彷彿他此刻才允許我下筆。他說：「把這件事寫下來。」我本能地坐直了身體。然後他宣布，用他那雙黑色的眼睛盯著我，一個字一個字地說：

「我，是用石棉做的。」

他把手放在胸前。此時他的太太輕聲地哭了，她撿起破掉的杯子碎片，上面的小花摔得粉碎。在這間房子裡，就連沒有生命的花也逃不了滅亡的命運。我點了點頭，沉默不語。那東西，那個他體內的東西，我熟知的石棉，過去我曾經研究過，一旦人吸入石棉纖維就會沉澱在肺裡面，無法排除。沉澱在裡面，不——石棉像樁子一樣把自己豎立在肺裡，產生病變。身體為了自癒而有所反應。但石棉纖維繼續損害肺，而身體繼續嘗試自癒。久而久之，年復一年，肺就變得疤痕累累，再也無法發揮正常功能，無法吸氣與呼氣。慢慢地，漸漸地，這就是我面前這個男人身上發生的事，而這個過程是不可逆的。T正接近那個時刻——他的肺會被疤痕組織阻塞，自己窒息。他們稱之為「石肺」。然後，T會死於恐懼中，他的大腦命令身體吸進空氣，但他的肺卻無法起伏。接著，一切都會結束。

我當時應該保持沉默，原諒自己，然後離開。但我不知道怎麼離開，而我永遠也不會知道了。不知怎麼地，我也被困住了，拚命想掩蓋那奄奄一息的肺發出的聲音。接著我做了不可饒恕的事，我重複問了那個不該問的問題，一錯再錯：「如果沒有正義呢？」他茫然地看著我，彷彿聽不懂這個問題。他的太太打斷了對話，試圖為我們解套：「想來點新鮮的咖啡嗎？」她擠出微笑。我差點擁抱了她。「我可以馬上煮杯咖啡。」她起身，帶著裙子上的花園離開，留下我們頹喪凋萎。

他再度盯著我，此刻的表情傷心不已。他的悲傷比他的恨意更加打擊我。我開口問了其他問題，甚至聊起天氣，問著是不是要下雨了，但他示意我安靜，並說：「如果世上沒有正義，我就沒法像個人般的死去。」

「那會像什麼？」我問道。

「我將如螻蟻般死去。」

我沒問為什麼是螞蟻，他想表達的感受超過了字面上的意思。跋涉數十英里之後，我回到了家，卻仍舊繼續聽見那個雜音。我在這裡寫下的所有詞彙全都失敗了，這些文字只透露了描述他的呼吸聲是多不可能的事，其餘什麼都沒表達。恐懼拒絕被說出來。

† † †

三年後。

T已經戴上氧氣罩一百天了。石棉跨國公司的代表帶著一份文件來醫院給他簽名。如果他不簽，他的家人就連一毛錢的賠償都拿不到。如果他們簽了字，拿到的金額不到一萬一千美元。「這幾乎是我們之前付給你們的三倍」，那個人說，「你拿到的錢會比你的同事還多」。T正經歷最後的痛苦。我很想知道，那個西裝筆挺的傢伙站在他面前遞出紙筆之際，是否聽見他胸口發出的聲音。T簽了名。

支票結清的那天晚上，雜音停息了。

5 有個小鎮名叫布拉西棱加
A Country Called Brasilândia

如果她管子裡的灰燼變黑，那就肯定失敗；如果灰燼變白，這篇報導就會成功。七十六歲的耶烏潔妮亞太太（Dona Eugênia）朝我周邊吹氣，她告訴我，這項占卜百分之百準確。她的靈性導師「黑老頭」在她耳邊低語，她說有事要發生了。她是女性，喉嚨裡卻藏著低沉沙啞的男性聲音。身為信仰療癒師與撲克牌占卜師，耶烏潔妮亞太太擁有著如X光般銳利的雙眼。現在她看著灰燼，然後看著我，接著又看著灰燼。「它們變白了」，她說，「好能量。」直到此刻，耶烏潔妮亞太太才願意打開門，讓我進入布拉西棱加、她的心與她的家。

這個點子簡直是為我量身打造的：到聖保羅北邊住上幾天，這塊內飛地[1]有二十

1〔編註〕內飛地（enclave），國境之內有塊主權屬於他國的區域，則該地區是該國家的內飛地，同時為擁有主權之國的外飛地（exclave）。

五萬居民，最近更躍為電影場景。人們過去將當地跟暴力、骯髒、凶惡畫上等號，但是自從成為某部電影與電視影集的拍攝地之後，就變成時尚潮流之所了。套句塔塔·阿瑪洛（Tata Amaral）的話，那裡簡直就是「生產照片的源頭」，她是電影《嘻哈少女成功記》（Antônia）的導演，這是在當地最新拍攝的劇情長片。布拉西棱加完全體現了巴西邊緣地帶的特色，正如歌手森德拉·薩（Sandra Sá）精闢的形容。

本篇報導揭露了當地一直存在的問題，只不過以往隱藏在暴力之下，因為這裡是另一個貧民窟悲劇：屍體露天橫陳，背後隱藏的真相相當棘手。日復一日，就像男孩拚命想讓風箏擺脫纏在一起的線飛上天空，人們心中的善意也從水泥叢林中被奪走了，這樣日子才過得下去。又或者，沒人能夠奪走。對即將邁向未來的貧窮男孩來說，線纏繞成一團的風箏，是一段學習體驗。

《嘻哈少女成功記》述說的是四個女孩的故事，她們來自聖保羅郊區的嘻哈樂團，擁有共同的夢想，想要登上一個又一個舞台。這是部關於友誼的電影，這種感情讓你敢夢想，即使置身於據說早已失去希望的地方。這種觀點揭示了緊鄰的城市看不見的一切，驚慌與恐懼使她們跟貧民窟隔絕開來。超越暴力，人類熱情的力量擊垮了一切，確實如滴水穿石，瓦解了在水泥叢林求生的艱難。在這裡，水泥是一種概念，就像我們使用的灰色建築材料，幾乎沒有木料的建築風格。

文化入侵邊緣地帶的情勢已經勢在難擋。某些貧民窟成了觀光景點，但作為吸引來人的展示區，當地的安寧全是偽裝給觀光客看的，他們受到了誤導。在郊區發生的事依然遠離巴西的核心，這裡似乎是另一個世界，而中產階級依然害怕住在這裡的人，彷彿那是一群準備下山攻擊的野蠻人。從這個意義上來說，布拉西棱加距離聖保羅，跟亞馬遜雨林一樣遠。

身為住在布拉西棱加的外國人，這種視感錯覺把我逼到暈眩。我自己的家很近，就在那邊。但只要經歷幾個小時的視感錯覺，我就會感到兩地是隔絕的，就像其他人一樣。這確實是一種流放的感覺，從當地人如何談論一座無法進入的城市就感覺得出來，儘管在官方區域劃分上那也是他們的城市，至少地圖上如此。「聖保羅人大道（Avenida Paulista）是奢華之城；布拉西棱加是巴西人之城。在聖保羅人大道，沒有人會給任何人東西；在這裡，我們分享。在那裡，人人對我視而不見；在這裡，每個人都會跟我打招呼。」阿伊爾棟．巴赫歐佐（Ailton Barroso）這麼說，他指的是聖保羅城市脈動的中心，聖保羅人大道。阿伊爾棟的家擁有一個水泥板屋頂，上面可以眺望首都最好的景色之一。每年除夕，他都會出借自己的豪華包廂，供人觀賞聖保羅人大道上空的煙火秀。他的雙眼掃過沿街建築的輪廓，但阿伊爾楝內心卻蘊藏著一座分裂的城市。

布拉西棱加起初就是個外移之地。六十多年前，伊比稜卡大道（Avenida Ipiranga）和聖瓊昂大道（Avenida São João）交叉時，發生了一件事：當地的居民因為十字路口拓寬而被趕出市中心，那個路口極具代表性，曾出現在卡耶塔諾．費洛索（Caetano Veloso）的歌曲〈森巴〉（Sampa）中。他們按照老農場與許多原始森林的樣子塑造出布拉西棱加，而其中一個特色屬於布拉西里歐．西蒙斯（Brasílio Simões），正因為這個甘蔗酒（cachaça）製造商，而非巴西，這個地方才能擁有一個名號，使它得以庇護整個國家。

隱私？機會渺茫！

耶烏潔妮亞太太把家裡唯一的臥室留給了我。她發誓自己之所以睡在客廳沙發，是因為喜歡用她那台八寸電視看著連續播放的節目，直到凌晨。芭蕾舞伶瓷娃娃、熊玩偶與十幾個小擺飾聚在一起，從書櫃裡看著她沉睡。我們睡覺時沒把大門閂上，諷刺的是，在聖保羅這樣瀰漫著恐懼的城市裡，你在貧民窟過夜卻可以不鎖門，隔天依然活著醒來。

我有一張雙人床、五個枕頭和一條緞面床單，一人獨享。耶烏潔妮亞太太嬌慣著我，但主要是她在個人隱私上的讓步，而我出身的階級特別重視隱私——在布拉薩（Brasa），隱私這個概念毫無意義，因為住在附近的人雞犬相聞。

貧民窟是一種集體的表現，日常生活全發生在街道上、在公共空間裡，而這個公共空間包含了家裡。門永遠敞開，沒敲門就走進去並不是粗魯失禮的行為，每個人的生活只有在跟鄰居分享時才有意義。在這樣的一座城市，人人與陌生人來往時心存戒備（就連對熟人也一樣），貧民窟實在是團結的典範。

耶烏潔妮亞太太一遍又一遍地說著她家不缺食物，吃早餐時，她在我的盤子裡放了好幾層火腿和起士，堆得高高的。對她來說，讓我知道她雖然很窮，但她桌上還是有豐盛的食物，這一點至關重要。無須擔心膽固醇或三酸甘油酯，桌上的沙拉與瘦肉裡都沒有這些東西，這是黑豆、米飯、香腸與滿滿醬汁的盛宴。耶烏潔妮亞太太只有在發現我帶了一些肥皂時才有點火大。我以為她家沒有洗手乳嗎？耶烏潔妮亞太太為我設置了一個特別的吧台，美好而香氣撲鼻。

耶烏潔妮亞太太的女兒圖卡（Tuca）從上層走下來，嘴裡叼著香菸。布拉西棱加實際上沒有房子或公寓，當地只有塔塔．阿瑪洛所說的「家族聚落式建築」。當一個家裡的兒子決定要結婚，他就會沿著山坡往上或往旁邊加蓋房間。每個單位都透過搖搖晃晃的樓梯互相連接，任何人都可以出租他們的房間賺一點外快，這就是布拉薩的中產階級。

耶烏潔妮亞太太曾經把後面一間房租給一個妓女，當時她的男人是巴西最大黑幫「首都第一軍團」（Primeiro Comando da Capital〔First Capital Command〕）的成員。這位房客因為職業需要，每天晚上都會遇上其他聖保羅人，帶著有趣的故事回來。某天深夜，她興高采烈爬上頂樓，因為她和另一個一起賣淫的姊妹敲詐了巴西最紅的肥皂劇明星。耶烏潔妮亞太太覺得她太吵了，於是在其要求下，這位年輕女士最終搬到了另一個聚落。幾個月前，她的男人被處決了。最新加蓋到這個家族聚落式建築的房間，現在經過了重新調整，好騰出空間給耶烏潔妮亞太太的孫子，因為他要結婚了。

西方目前出現性別危機，男性扮演的角色愈來愈邊緣化。每天早上，街上擠滿了遭受失業打擊的父親，他們不是在酒吧就是在街角喝酒。但是沒有女人閒著，大多數人沒有正式的工作，但她們讓自己裡裡外外轉個不停，做著一千零一件工來支付帳單，餵養那些已經二十幾歲的孩子，即使他們教育程度更高卻找不到工作。他們沮喪的母親只希望「一堂電腦課」可以打開那些關閉的大門，因此，她們又找到一份零工，好支付每個月的補習費，讓孩子去上一堂在這一帶突然冒出來的資訊技術課程，儘管那些課看起來靠不住，她們還計劃了分期付款買台桌上型電腦。

耶烏潔妮亞太太的女兒圖卡是那群扛起一切的女人之一，她每天都會下注買巴西最熱門但非法的動物彩券，作為一天的序幕。如果她夢見姊夫，就會賭豬和驢子；顯然她的親戚會帶來好運，圖卡家裡的書櫃就是因為這個提示而贏來的。彩券收據就是個傑作，上面全都是些政治正確的宣傳語：「向毒品說不」。圖卡在復活節做巧克力蛋，在耶誕節和新年做節日籃子，還替病人的太太、母親和女兒們做蛋糕，讓她們探病時吃點甜食、開心一點。她替病人量血壓、打針，照顧他們。她出售合法的法國香水，她有個朋友替進口代理商工作，可以透過對方拿到香水。你的收入必須超過基本薪資，才能忍痛拿出七十到一百五十美元，買一瓶香奈兒或迪奧的香水，因此，圖卡的顧客屬於當地的精英階級：一個仿冒銀行卡的傢伙與一個著名的毒販。她保留了一瓶最新出品的紀梵希給後者。

圖卡竭盡所能，只為了準時支付她的帳單；保持名聲清白，但她不挑顧客。這是在貧民窟共存的明文規定：不管你以什麼工作謀生都是個人的事。其他的一切都是供公共消費，當圖卡的大兒子帶著毒品出現在家裡，她打了電話給孩子的父親，要他把貨還給毒販。現在是時候劃清界線了，她設下了交易的界線。

某個星期天，一輛巡邏車醒目地出現在路邊，就在街區的正中央。警察沒有注意到他們眼前就有幫派份子在收封口費。現場唯一缺少的東西就是保險桿，組頭若靠著保險桿會更舒服些。半個小時後，警察大喊了起來。附近的一間房子裡立刻響起了電話聲。電話線那頭是一位紳士，他在布拉薩備受敬重，只不過他從事的行業違反刑法。「你看得見那台巡邏車來自什麼區嗎？因為如果是X區，我已經付過錢給他們了。」

跟世上其他地方一樣，布拉西棱加的星期天總是枯燥地過去了，唯一讓人期待的是金色玫瑰森巴舞學校（Rosas de Ouro samba school）的夜間彩排。布拉薩流行森巴舞、帕哥奇（pagode）[2]與佛厚舞曲（forró）[3]，遠勝過嘻哈。《嘻哈少女成功記》在社區的試映場，就連那些少女唱著饒舌之時，照樣可以聽到背景音樂傳來不停的擊鼓聲。觀眾繃緊神經想找出線索，搞懂塔塔．阿瑪洛試圖表達的意思；有些人得到理論，有些人只得到偏頭痛。結果原來是有個狂歡節團體在臨時電影院隔壁彩排，堅持維護著布拉薩心跳般的節奏。

在週一燦爛的晨光下，五十七歲擁有十三個孩子與十六個孫子的耶吉瑪爾

（Edimar）來到街角的酒吧，那裡有滿滿的巴西聲音：巴拉寇巴寇（balacobaco）、基里其頓（ziriguidum）、德雷寇德寇（telecoteco）等音樂。「小姐，這就是我的根：我的藍眼睛葡萄牙阿公抓住了我的大黑人阿嬤，結果就是我這個出現在這裡的窩囊廢。」他先介紹自己的根，然後說起他的目的：「我來這裡買一些薄荷。結婚快要四十年了，老太太還在抱怨我的口臭。」

沒有厭食症的派對

二十一歲的阿德利婀娜（Adriana）因為與二十四歲的小路易斯（Luizinho）交往，她的肚子終於開始得以填飽，此時鄰居也全都動員了起來。這個失業的女孩一直是個處女，而她的未婚夫是個警衛，平常既不抽菸也不喝酒。囊空如洗的荷包，剝奪了他們舉辦婚宴的權利。女孩的母親很快便警告他們絕對不可同居。小路易斯會全力以赴，設法踏進太平紳士的公證辦公室，即使他不得不借雙鞋來穿。

2〔編註〕一種民間音樂形式。

3〔編註〕源自於巴西東北部的節日慶典，後來也泛指該慶典中的音樂風格。一般由三人組成，分別演奏手風琴、大鼓，以及三角鐵。該風格延伸出來的舞蹈、旋律，也通稱為Forró。

得知他們的情況之後，圖卡迅速扣押了大兒子的「皮革」舞衣，全都送到了新郎家。她負責午餐的黑豆燉菜、手撕牛肉、零食與結婚蛋糕。阿德利婀娜最好的朋友負責採買蛋糕的材料。一個毒販叔叔貢獻了椰子糕、花生、花生糖和冰淇淋。另一個鄰居湊錢買了六瓶汽水。阿德利婀娜的嫂子負責搞定婚紗。一個鄰居把自己的豪華汽車借給他們，那是一台一九九六年的海軍藍福特房車。

阿德利婀娜選了一對在聖保羅東側做街頭小販的夫妻當她的證婚人。他們最近心情不好，因為車票與餐券都改成了電子票券，害他們的收入暴跌，沒辦法送新婚夫婦更合適的禮物。小路易斯選的證婚人則是一位從事非法活動的親戚（因此收入無法申報），外加他自己的母親。但是，等到要簽結婚證書的時候，大家才發現瑪蕾妮太太（Dona Marlene）沒有身分證，當下引發了一場騷動。為了避免婚禮因為少了有證件的見證人而瓦解，本記者在證書上簽了名。一切都是為了幸福的結局。

新娘阿嬤家的門一直開著，每個人都可以進去。但那個醉鬼的腳不會帶他過馬路，所以有人拿了一盤食物給他吃。在布拉薩，沒有不速之客這種事，也沒有厭食症。每個盤子都堆滿了米飯、甘藍菜與燉豆子，如同那些加蓋的房子般搖搖欲墜，然後是第二盤、第三盤……，接著是蛋糕，再一塊蛋糕……，還有麵包夾肉和更多麵包。總有空間放更多麵包，再來一片蛋糕，再來一點豬耳朵。

派對很快就擴散到街上，十二歲的哈法艾爾（Rafael）正在講述一段史詩般的旅程，告訴大家像他這樣一個男孩如何從郊區進城。當時他搭上了一輛貨運卡車想去見識一下大海，但直到晚上他才抵達目的地。儘管如此，他終究還是弄溼了自己的腳。此時，他正向整條街廣播自己的大新聞：「大海超大的！」

小路易斯、阿德利婀娜、她妹妹與姪女一起住在家族聚落式建築的頂層，整個建築由七棟房子組成，每棟房子都繼續往上加蓋，危險極了。小路易斯堵住了屋頂的漏水，鋪上地板，把牆壁漆成乳白色。然後，他把阿德利婀娜的熊玩偶撒在床上。這對夫妻趕上一輛公車，在最靠近百貨公司「巴伊亞之家」（Casas Bahia）的那一站下車，他們找到了清倉的便宜貨，打算在九個月內買好臥室的家具。接著，他們好不容易才在拉帕（Lapa）附近的鐘錶店找到結婚戒指，以六次分期付款支付。而他們的新婚之夜全都拿來玩二十五分錢的賓果了。

真正的熱狗

布拉西棱加有很多愛，那些愛強烈到勝過一切抱負。在這裡，沒有那種嚷嚷「我的事業怎麼辦」類型的人，更加沒有中產階級的兩難處境。愛是無拘無束的。不僅對人如此，對狗也是如此。

皮蒂（Piti）是隻杜賓犬，非常迷你的那一種，眼睛大大的，耳朵尖尖的，會高興地吠叫。我們懷疑地看著對方，待在布拉薩剩下的時間裡，我打算無視牠。但我初來乍到，還沒有掌握重點。在這裡，狗跟人沒兩樣。皮蒂四歲的時候（以狗來說，已經不太年輕了），真的很想失去自己的童貞，卻一直沒成功。我警告牠離我的枕頭遠一點。皮蒂對我咆哮，牠變成了「直立狗」（Canis erectus）。

牠的困境感動了布拉西棱加的人們，他們試著替牠跟一隻母狗牽線，但母狗拒絕了牠。他們引進一隻吉娃娃，牠不堪重壓。現在他們又找了隻雜種狗來試試，但出於一些莫測高深的原因，皮蒂失敗了。牠把剩下的食物藏在客廳的墊子下，吃著從教堂帶回來的聖餐餅。佛洛伊德會說皮蒂是患了歇斯底里症，而事實是皮蒂正在受苦；更糟的是，牠在大眾眼皮下受苦受難。每個活著的靈魂只要經過大門，都會打電話給皮蒂的主人圖卡：「還是沒有嗎？」然後搖搖頭走開。

施莉雅（Célia）在女兒結婚前夕哭了起來。她的丈夫丟了工作，變成酒鬼，「實際上是一個乞丐」。她是美甲師，也賣內衣、美容霜和天然藥品。「我是個騙子。」她解釋道。她就是沒辦法把丈夫踢出去，因為她愛他。「我媽媽曾把一個房間租出去，就是這裡，在這個房子裡。我打開門，立刻被他迷住了。我心裡有種感覺，他也是。我們站在那裡，凝視著對方。我們倆早就和別人有婚約了，但他遮掩了自己的定情戒指，而我只是顫抖著。」施莉雅說著，然後顫抖，接著嚎啕大哭。當她丈夫進來時（他一度是個搖搖欲墜的空殼子），他還記得他們初遇時她穿的裙子顏色：「是紅色的，還有一些小帶子。」

裁縫艾莎（Elza）為了愛情逃離了一個極好的牧場，落腳布拉西棱加。她的狗法尼（Fany）有件紅色的長外衣；牠愛上了雜種狗黑柯恩庫耶拉（Requenguela），而那個白吃白喝的傢伙，本身的價值都比不上牠的那些食物——就牠來說，是一天兩根熱狗。當我在進行這項報導之時，人們發現牠正咀嚼著一個男孩的手臂。當地居民氣瘋了，但是就像巴西利亞的許多人一樣，黑柯恩庫耶拉得以逍遙法外。牠的四隻爪子穩穩踩在特權之中，這特權屬於布拉西棱加最有權勢的男人之一。

然而，未來女婿的保護者或牠精緻的飲食，並沒有打動艾莎，她就是不喜歡這段關係。她把法尼變成小狗版的長髮公主，在高溫下關在屋頂。黑柯恩庫耶拉在底下咆哮，高舉王子之劍，整條街都震撼不已。但艾莎沒有考慮到她紅毛女兒的熱情，由於沒有辦子讓牠攀爬下樓，法尼乾脆把自己從屋頂扔下來——然後大搖大擺地落到地面。

第二次的下場更悲慘，法尼被放逐到高高的樓層上，像隻狗一樣在炎熱的錫製屋頂上跳來跳去，結果有一樣大家都忽略的東西嚇壞了牠：煙火，那原是用來通知大家毒品已經運抵貧民窟了。牠摔在人行道上，他們不得不把牠的一隻後腳固定住。牠是毒品交易最新的受害者之一，但牠正逐漸恢復中。

耶蕾娜太太（Dona Helen）是全布拉薩最實事求是、正經八百的女人之一，她擁有日本血統，與瓊昂．赫摩斯（João Ramos）結婚三十五年了。赫摩斯是個金屬加工工人，也是巴西鄉村音樂「塞塔內爾久」（sertanejo）的歌手，他只要一逮到時機就去唱歌，而且沉浸其中的時間總是比他太太希望的還要長。事情的演變是這樣的：來自日本社區的媒人為年輕的耶蕾娜介紹了一個將近六十歲的人選，當時她十七歲。正當她的父親認可這一切安排的同時，瓊昂邀請了一些皮包工廠的女工到墓地探望他母親。據他說，那是毫無冷場的一天。肯定是這樣，因為那五個女人打賭：誰在墳墓之間先設法抓住瓊昂，週一就不用帶午餐去上工。

最後的贏家是耶蕾娜太太，但父親痛罵了她一頓。於是，瓊昂把她從家裡拐了出來，私奔到山的另一頭。她的父親大失所望就這麼去世了。布拉西棱加並未善待他，當年他來到這裡時，名字是中村義郎（Giro Nakamura），後來變成了胡力歐（Júlio）。他的太太是靜子（Sizuko），他們替她改名為阿帕雷西達（Aparecida）。他們的女兒真理子．歐蕾娜（Mariko Olena）不僅變成耶蕾娜，還嫁給了瓊昂，入夜更搖身一變成了瓊昂．多．肯柏（João do Campo）——鄉村約翰（Country John）——與小歐莉薇拉（Oliveirinha）組成二重唱，表演鄉村音樂「塞塔內爾久」。

然而，在布拉薩，最媲美莎士比亞劇作的愛情故事與人無關，主角是隻名叫帕奇多（Paquito）的臘腸犬，牠愛上了輪胎修理工的德國牧羊犬。就算說牠們的身體構造完全不配，「但說是沒用的。」圖卡說。「牠會穿過整個布拉西棱加，去看那隻德國牧羊犬。」在這些不可能的冒險旅程中，某次帕奇多被車子輾了過去。「牠為愛而亡。」每個布拉薩的人都敬重地說。葬禮在十字架下完成了，吸引了有史以來最多的人參加。

在陽台上，耶烏潔妮亞太太不停嘆氣，只有從城裡上山來買毒品的車聲偶爾打斷她的嘆息聲。她的憂鬱吹皺了身上的絲質洋裝。她想給我看結婚照，但她家窮到沒辦法拍照。「我先生長得很像馬寇斯．保羅（Marcos Paulo）。」她指的是一位肥皂劇明星。「但你知道的，他從未吻過我的嘴脣。他想要我的時候會用強的。整整二十四年，連一個吻都沒有。」丈夫去世後，她遇到了一位上校。她要求對方把她當成「好女孩」

來追求，六個月後才讓他牽手。「那個人，我的甜心，吻了我，連不該吻的地方也親了。直到那時，我才體驗到快樂的滋味。」

這一回，耶烏潔妮亞太太沒有吹噓。

6 對抗畸形靈魂的伊法
Eva against the Deformed Souls

這是一個女人的故事，她犯下了不被人類原諒的罪行：拒絕成為受害者。伊法・侯德利吉斯（Eva Rodrigues）符合這種判決的所有要件。她是女人，可憐吶！她是黑人，可憐吶！她是窮人，可憐吶！但，這還不是全部。伊法出生時母親難產，給她留下了腦性麻痺的後遺症。她的身體抖個不停，老是打翻食物，走路也有困難。她的一切都是笨拙難看的。這個世界只留給伊法一種命運——那就是成為一個可憐人。伊法本來可以伸手乞討，博取別人最深的憐憫。人們給她硬幣做為交換，她可以提供給捐贈者的，不只是做完慈善之後的欣慰感，還有另一種內心隱隱的安慰：確保這種畸形（以及瘋子）永遠是別人的事。

然而，伊法反抗了這個命運。她下定決心，絕對不當可憐人。這個世界想要怎樣是他們的事，就讓這個世界自行尋找其他的受害者，來滿足他們關於恐懼的需求。這就是伊法的罪行，他們從未原諒過她。由於沒有人能在她的額頭貼上「可憐人」的標籤，於是，他們給她貼上了另一個標籤。像她這樣一個畸形、殘障、有缺陷的人，怎麼敢拒絕慈善的援手、憐憫的姊妹與虛偽的表親？像她這樣一個不正常的人，怎麼可以和正常人平起平坐？伊法表現出來的身體扭曲，似乎披露了別人扭曲的靈魂，彷彿伊法暴露的缺陷讓他人隱藏的缺陷一覽無遺。在這個付出了昂貴代價讓每個人都相同完美的世界，伊法，正是她，怎麼敢讓自己不完美？在這個想法一致是唯一安全保障的世界裡，伊法怎麼敢與眾不同？在這個只看外表的世界，伊法怎麼敢憑自己的精神取勝？

喔，伊法是多麼自命不凡啊！當她下定決心不當可憐人，帶來多麼嚴重的危機啊！伊法遭到指控，頓時從受害者變成了罪人。

在透露他們如何懲罰她之前，必須先說說伊法如何反抗的故事。伊法不知道一直以來困擾她的是他們的嘲笑，還是他們對她的模仿，抑或是公開談論著她的命運就是得縮在角落、最好保持安靜。她只知道自己下定決心絕不低頭，知道她會重新打造自己的命運。她要改造自己。

她的第一次反抗行動發生在學校裡。她九歲就採取行動了，當時是在她的出生地黑斯欽嘎斯卡（Restinga Seca），位於南大河州中部。她的手不聽她指揮，伊法無法控制這雙顫抖的手。伊法竭盡全力，拚命用左手握住右手。一隻手被另一隻手扭著，一使力就痛徹心扉，這就是伊法第一次寫字的情景。彎曲的手在紙上摩擦久了，變粗了許多。她的第一本筆記本寫滿了血淚史、受到傷害的文字。伊法的第一本筆記本是用血寫成的。

然後，伊法意識到了自己能夠改寫命運。打從她邁出大膽的第一步，便立刻迎來首次的懲罰。即使成績名列前茅，她還是得重讀一年。伊法居然能夠寫字——老師無法接受，也不能理解這件事。伊法重讀了一年，發誓如果有必要，她會一直重讀到讓老師和這個世界明白她永遠不會放棄；明白她最終會成功說服他們，即使搞得他們精疲力盡；明白他們要求她做任何事，但不可能的事永遠不可能；明白他們可以對她提出任何要求，除了要她安守本分。

伊法很快就領悟，獨立就像流沙，必須日復一日地征服與重新征服領土。十七歲時，面對八個手足與父母（他們不僅是文盲，而且是沒有土地的農民），她第一次哭道：「夠了！不要覺得我這也可憐，那也可憐。如果我吃飯的時候把食物灑了，就讓我灑吧！如果我伸手去拿東西，結果把東西翻倒了，那就翻倒吧。如果我跌倒了，就讓我自己站起來。」

伊法搬到了愉港，找到一份女傭的工作，完成初中學業。她的手，就像她的靈魂一樣，處處是潰爛的傷疤，但不再流血。

伊法考上了大學，卻負擔不起學費。她申請了兩次助學貸款，全都遭到駁回。於是，她要求轉到學費更便宜的學校。伊法夢想成為教師，她想教學生如何用潰爛的手寫字，如何將扭曲的雙手化為羽翼。然而，許多早已毀壞變形的靈魂擋在伊法與世界中間。抗戰才剛開始，可能永遠都不會結束。

她一遍又一遍聽到這種話：你怎麼可以在黑板上寫字，像那樣邊抖邊寫？你的字寫得這麼醜，將來怎麼教學生？你看不出來自己以後只會給人添麻煩嗎？你難道不知道，在你和正常女孩之中，他們只會選擇正常人嗎？你到底想要什麼？你打算一輩子盯著牆上的文憑嗎？伊法從一個老師那裡聽到了這些話。她在大學裡聽到這些話，正證明了無知會出現在你最意想不到的地方。身體有殘疾的伊法，是如此回答那些靈魂有殘缺的人的：「首先，我不會放棄。第二，人生就是一場冒險，不僅於我如此，每個人都是一樣的。」

伊法花了一段時間才明白，為什麼她顫抖的身體讓那些勇健的人感到威脅，她的脆弱又是如何冒犯了他們。人們用各種已知的方式中傷她，甚至還特別針對她發明了一些汙衊的方式。首先，他們不讓她進行教學實習。接著，只准許她在殘疾學校實習。然後，他們規定她只能在白天實習，因為他們知道她白天得賺錢付帳單。最終，由於伊法始終不放棄，他們只好罷手，不再試圖阻礙。

當畢業典禮上喊到伊法的名字，每個人都站起來大叫、鼓掌，但伊法並未聽進他們的聲音。她全神貫注，一心只想著不要跌倒；順利走過舞台、不要絆倒，這簡直隱喻了她的人生。伊法不會跌倒，至少不會摔在台上，而伊法也確實沒有。

她終於能夠進教室當老師了，至少有三間學校聘請了她，而這些學校每間都發生了一些事。當他們得知伊法不是個可憐人、雇用她並非一種慈善，一切就都變了；當他們得知伊法是有能力的，要對抗的不是她顫抖的身體，而是她的心，一切也就變了。最初的同情轉化為了恨意。這個殘廢以為自己是誰？伊法聽到了這句，但她沒聽進心裡。於是，她被逐出了那個幾乎沒接觸過的世界。

伊法沒有放棄，她也不會放棄。一九九四年，她在以前的上訴法院參加了法院見習生的公務員考試。她認為蒙著眼睛的法官不會批判她的畸形。她在殘疾人士專用室參加考試，最後以第九名的成績過關。她的任命通知公告在官方媒體上。然而，你知道的，神經科醫生駁回了伊法的資格，因為她的手抖個不停，因為她沒法端穩咖啡托盤。

一個簽名就為這個人生章節畫下了句號。伊法上了法庭，公設辯護人沒有出庭，聲稱自己沒有收到通知。伊法勇往直前，如今訴訟已經提交到了巴西最高法院，而伊法回去當女傭。

伊法是女人、窮人與黑人，伊法的手抖個不停，這一切他們都可以接受。他們不能原諒的是，她拒絕當個可憐人。他們拒絕原諒伊法的是，身為貧窮的黑人女性又身有殘疾，她居然完成了大學學業——而且還是在巴西。所有牌都做了手腳，伊法卻還是敢贏得賭局，這就是他們謾罵她的原因。請留心聽伊法說的話：

「每一回他們打倒我，我都會比以前更堅強。我永遠不會聽到失敗這個詞。失敗從來不在我的計畫裡。那些說我可憐的人，才是真正可憐的人。」

生活中充滿了悖論。伊法的悖論是：人們因為不能可憐她而恨她。而這個世界的悖論則是：最嚴重的畸形往往是肉眼看不見的。

7 惡魔澤耶的巴西
In Demon Zé's Brazil

繼施哈・卑拉達（Serra Pelada）[1]之後，耶爾多拉都・多・珠瑪（Eldorado do Juma）成為了巴西最大的淘金熱礦區。眾所皆知，該地的老大名為惡魔澤耶（Zé Capeta），雖然他滿口上帝。最受到礦石眷顧的是一名叫做「葛一」（Got It，亦即「得到它」之意）[2]的上帝信徒，他相信自己是魔鬼的受害者。在阿普伊鎮（Apuí），市長反對淘金，但副市長卻背棄了市政府，積累了超過兩公斤的黃金，早已泥足深陷。駁船的澤耶（Bargeman Zé）與馬里亞諾（Mariano）找到了主礦脈，卻被獵槍給趕跑了。當地教堂的忠實信徒早已流失，城裡最高貴的女士替自己的夜總會舉辦開幕儀式時，順勢競拍了一些女孩。在祖馬河畔，這些娼妓向嫖客收取以公克為單位的黃金作為嫖

1〔編註〕施哈・卑拉達，意指「裸山」，始於一九七八年的巴西北部黃金礦區，一九八〇年開始湧入大量淘金者，一九八三年最大開採量曾達十七公噸。一九八四年常住人口八萬，一度是全球最大的礦區。

2〔編註〕葡語版此處用字具有「還有」之意。

金，然而她們卻很快樂，甚至墜入愛河。這聽來或許有如魔幻寫實小說，卻都是真人真事，而且全是在亞馬遜州南部的現在進行式。

這個關於上帝與魔鬼的故事始於二〇〇六年十二月，當時亞馬遜雨林正值冬季，天氣悶熱而潮溼，氣溫高達華氏一百度[3]。那裡距離亞馬遜州首府瑪瑙斯（Manaus）不到二百八十五英里，與阿普伊鎮的距離將近五十英里，該鎮人口不及兩萬，他們努力地開發穿越亞馬遜的BR—二三〇公路（Transamazônica）周邊區域。早在一九八〇年代，巴西的國土改革與安置協會（Instituto Nacional de Colonização e Reforma）便致力於當地的開發。每天，小卡車、公車、摩托車與小船都會吐出幾十個來自地圖各個角落的巴西人。他們在泥濘的停車場排成一列，在那裡，地獄的看門人是隸於上帝的牧師。

福音公理會（Igreja Evangélica Congregacional）的海恩斯．哈特格牧師（Hains Hattge）帶著雷鳴般的德國口音與信仰復興運動者的聲音，向人們收取停車費，汽車十元、機車五元。他是教會的創立人，正如他的自我介紹，現在致力於將進入金礦的門路「民營化」，同時尋找新的礦床。他向我保證：「上帝即使筆畫扭曲，也能寫出正確的字。」

河上排列著近三十艘小船（voadeira），它們是亞馬遜河中速度最快的馬達船。每人收費十美元，只要在水上航行三十分鐘，你可以抵達珠瑪河的左岸與棚屋，這些住所在金礦周邊如雨後春筍出現。此地是中世紀市場與狂野西部小鎮的混合體，在這裡只要有黃金或錢就買得到任何東西，包括點三八口徑的子彈。

第一眼看到金礦田會聯想到《聖經》中殉難的場景。成噸的泥巴、已產生抗藥性的病毒、受到汙染的水與人類排泄物的臭味，迫使他們面對叢林殘酷的那一面。不到三個月前，這裡還是原始雨林，如今已成為彈坑。在最底層，五萬人眼睛灼熱、雙腳深陷泥沼中，用最傳統的方式徒手從地底深處奪取黃金，因為這裡禁止使用重型機械。跟所有非正式的採礦區或探勘區一樣，耶爾多拉都·多·珠瑪就像一口大鍋，燃燒著人們的激情，而且味道聞起來總是不怎麼好。

目前已經有將近二十四個政府安全機構、採礦單位與環保組織進駐阿普伊鎮，打算將耶爾多拉都·多·珠瑪變成合法的金礦保留區。在淘金熱興起之前，國土改革與安置協會持有土地的產權，目的是用來安頓人民。現在，一個採礦者合作組織正在當地成形，每個成員都可以購買一百五十美元的配額，並可分為六期付款。為了確保礦區不會出現屍體，亞馬遜州憲兵派了八十八名軍人，與三十二名聯邦警察一同前往該地。

3〔譯註〕約攝氏三十七·八度。

沒有人知道這片土地究竟開採了多少公斤的黃金，官方估計大約在二百公斤至一．五噸，或換個方式說，總價值四百萬到三千萬美元。專家打賭，實際情況應該比較接近下限的數字。礦區的第一條規則就是永遠不要說出真實的數據，即使床墊塞滿金子，採礦者也會以生命發誓：自己運氣不好。

截至目前為止，仍未有跡象顯示耶爾多拉都．多．珠瑪的金礦大小或數量，足以重現一九七〇年代施哈．卑拉達的熱度。誰先到達，誰就先占下土地。那些剛下船的人，肯定會「暈頭轉向」的，就像是他們口中那些既沒錢又沒有工作的工人。但是，來自朗多尼亞州（Rondônia）首府舊港（Porto Velho）的採礦者露羅（Louro）這麼說過一句話，無論多少劑量的現實都無法削弱被注射在血液裡的黃金病毒。「我們可以假裝自己是別人，做著其他工作，直到發現新的金礦。」他說。「即使他有份好工作，但只要聽到召喚就夠了，他會放下一切，把衣服塞進背包就上路。採礦者是這種充滿希望的人。」

駁船的澤耶與馬里亞諾：第一次戰爭

從日出到日落，成千上萬的人把手伸進泥土淘選高品質的金子，純度必須達到九十八%。在珠寶店，十八K的黃金純度也只有七五%。想要抵達礦脈，你必須沿著小徑前進三公里，切入未開墾的荒野，穿過泥漿、汙水與礦坑，那裡有礦區心臟的脈搏在跳動著。但那脈搏聲是電鋸的轟鳴，樹齡高達幾世紀的老樹應聲而倒，而在警察到達的前幾天，槍聲響起。

二〇〇六年初，名叫阿傑諾（Agenor）、內瓦紐（Neguinho）、保羅（Paulo）與奇布修（Tibúrcio）的四個工人，在雨林蓋農場之際發現了閃閃發光的金子。他們偷偷摸摸一點一點地挖掘，但那年年底其中一人在阿普伊鎮的酒吧喝醉了，他的舌頭一浸到甘蔗酒便口無遮攔，從此話就傳開了——最終成了小道消息（fofoca），不僅黃金一事曝光，也指出了金礦所在。「我騎在金子上。」傳言他是這麼說的。他背信棄義的事跡在人們心中激起漣漪，許多人搜遍雨林，在附近悄悄追查金礦的蹤跡。每當有這樣的通告，大群懷抱希望的人就會消失在雨林中。

駁船的澤耶與馬里亞諾是「經驗豐富的老手」，他們說採礦者的血管裡流著白血球、血紅素與拜金蟲。這兩人一聽見黃金的小道消息就興奮得發抖。當時是二〇〇六年十一月，馬里亞諾泡在阿普伊鎮的酒吧裡，他的老哥兒們駁船的澤耶攔住他：「馬里亞諾，我們來挖個洞吧？」馬上。

人離老礦區兩英里遠的馬里亞諾，是那種一發現哪兒有黃金閃閃發光就兩眼發直的人。「在上帝的恩典下，」他說，「每天的黃金產量將會達到三百至四百公克。」後來，他因為背部疲累到不行，只得從雨林爬出來尋求協助，而駁船的澤耶則據留原地。「大約有十二個人包圍了我，他們手上拿著手槍、步槍和獵槍。」他說。「我根本毫無勝算。他們強迫我指出礦脈在哪裡。」這則小道消息發展到最後，這兩個拓荒者只留下了沒那麼金貴的一小塊，再加上眼睜睜看著別人一夜致富，從地裡挖出足以改變人生的黃金，這可激怒了巴西人。

駁船的澤耶掉了幾顆牙齒，但依然一有機會就笑。「我們已經習慣擁有得不多，連自己都放棄了自己。」他說。馬里亞諾就像個永不退縮的人，這是因為他強烈的憤怒驅使了自己一直朝著成功邁進。「打從十八歲開始，我就一直在尋找這樣的新礦區。我才剛到這裡就開始輸了。我覺得好像有個螺絲扭緊了我的心。」

這是另一個世界，在這裡只有一種做事方法，那就是殘酷。駁船的澤耶與馬里亞諾已經發現，他們闖進了惡魔澤耶的領土。

以魔鬼為名的老大

一旦小鎮黃金在網路上露出一點光景，這個消息就席捲了全世界。耶爾多拉都・

多．珠瑪是巴西第一個在數位世界傳出金礦訊息的地方，於是此波淘金熱便迅速燎原。二〇〇六年十二月下旬，在朗多尼亞州的聖米告．多．瓜波雷（São Miguel do Guaporé）一間「不太好」的房子裡，電話鈴聲響起：「澤耶，有採礦者闖進了你的土地。」他便立刻上了車。

惡魔澤耶這個名字，讓人聯想到一個與魔鬼達成協議的受雇槍手。不，骨子裡，惡魔澤耶更像一個苦工，而非地主。牧牛的工作在他身上留下了痕跡，他的身體彷彿一張完整的畫布，描繪著巴西的不幸。就像他的地契，巴西的國土改革與安置協會說，那跟一張賓果卡一樣，不值錢。

惡魔澤耶小心翼翼打開地契，舉止中流露尊重，只有文盲才會這樣尊重文件。這份合同是二〇〇四年六月五日在雨林裡簽下的，當時只是從筆記本裡撕下一頁，用藍色的筆隨手寫一寫。「我們三個人當時在雨林裡，只有多尼澤契（Donizette）會寫字，是他替我寫的。」他說。文件上指出，「塞巴斯奇翁．馬提亞斯．德．卡法略歐（Sebastião Matias de Carvalho），又名桑托斯」，將「珠瑪河左岸一塊六二〇〇寬的土地」售予裘瑟．費黑拉．達．席爾瓦．菲留（José Ferreira da Silva Filho）——這是惡魔澤耶的本名。支付的款項則是「二〇〇一年產的ＸＲ二〇〇黑色摩托車，價值一千美元」。就這樣，惡魔澤耶在偶然發現的情況下買到了亞馬遜的黃金地段。

身為礦區的老闆，或老大（patrão），惡魔澤耶要求所有在他土地上發現的金礦，都要上繳八%，直到合作社訂定出新的辦法為止。至於階級制度與義務關係，這個礦區的靈感似乎來自具有領主、家臣與農奴的封建制度。誰先到這裡，誰就畫出一大塊土地來挖礦，或派出更多武裝人馬從先抵達的人那裡搶走土地。而這些帶頭的人全都要跟惡魔澤耶結清帳款。

為了保障所有權，這些頭頭派了幾十個人來挖金礦。和貴族一樣，這些頭頭不需要親手伸進泥裡或拿起鏟子，他們只需要管理、監督與保障安全。他們的人可以承租一部分土地，用自己的工人，做出類似的安排，或者以分配利潤的方式經營：五成給頭頭，五成給工人，這是最常見的模式。還有計日工，一天兩公克金子，一公克值二十美元。此外，在黃金礦工金字塔最貧窮的底層則是乞求的人，他們在礦區晃來晃去，手上拿著淘金盆，請求「合法」的業主讓他們在已經篩過的砂礫中試試運氣。

實際上，這些頭頭比惡魔澤耶擁有更多權力，因為他們對黃金的掌控更強，旗下也有更多人馬可以執行他們的命令。他們就像中世紀某時期的貴族，擁有自己的軍隊，比國王掌有更多威權，甚至得以違抗。這正是巴西政府試圖透過建立合作社來改變的生產模式。然而目前的耶爾多拉都．多．珠瑪，世界依然以同樣的老方式旋轉著。

「小聖人」塞薩

每個人一來到礦區都被灌輸了一種信念——惡魔澤耶是黃金之上的全能之神。然而，當他的名號宛如來自地獄的威脅在珠瑪響徹雲霄，這個頂著魔鬼（Belzebu）之名的人實際上的經歷是這樣的：他的經理溫貝多．塞薩．德．恩德拉基．黑斯（Humberto César de Andrade Reis）下令，把他關在阿普伊市中心一間旅館的房間，還用短短的皮帶把他給拴著，只有吃飯時才能拿掉籠頭。「塞薩說，他們想在礦區殺了我，所以我不能露面。」惡魔澤耶說。

而塞薩則現身在珠瑪河岸上，猶如憑空出現，他的脖子上掛著金鍊，身上穿著獵裝夾克，聲稱自己支持「聯邦政府」。根據警方的說法，他一月底逃跑了，捲走「一萬兩千五百至一萬五千美元，還從惡魔澤耶那裡拿走超過三公斤的黃金」。老大澤耶只剩下四萬美元與一輛刷信用卡購買的小卡車。「那是小聖人塞薩。」巴西國家礦業機構的採礦工程師恩多紐．裘瑟．西貝羅．努內斯（Antônio José Ribeiro Nunes）開玩笑說。

幾週後，惡魔澤耶這個礦工在瑪瑙斯市中心一家廉價旅館述說著自己的故事，他在那裡試著搞清楚一些自己看不懂的文件。他覺得自己在大城市進退維谷，為自己不知道如何填寫旅館登記表而丟臉。他一開口就哭了：「他們叫我惡魔澤耶，因為從我還小的時候，世上就沒有我馴服不了的野獸。我八歲開始牧牛，同年，我向阿帕雷西達聖母（Nossa Senhora Aparecida）發誓，有一天我會擁有自己的房子。來到這個礦區之前，我手頭上的錢從沒超過兩千五百美元，身上帶的只有牧場老闆的錢，用來支付一些帳單。直到十五歲，父母才替我登記戶口，在那之前，我甚至不存在。我十六歲穿上了第一雙鞋，因為哥亞斯州（Goiás）的石頭害得我步履蹣跚，我再也受不了打赤腳走路了。我在一個叫法尼寇（Vanicó）的傢伙店裡，以記帳的方式買了一雙孔卡鞋（Conga），就是鞋頭是白色的那種。

在那之前，惡魔澤耶唯一擁有的黃金是他門牙位置上的那顆金牙。「當時我還年輕，覺得暴牙很丟臉。所以我種了些黑豆，收成後給了牙醫一些，好讓他把這顆牙推進去。其他牙齒開始痛了起來，然後我繼續拔掉那些牙齒。現在，如果金礦的事業能夠維持下去，我就會補好所有牙齒。」要是他的地契一文不值，那就是他向政府機構申請採礦許可是合法的，他擁有優先採礦權，正因為如此，在礦區殘酷的鬥爭中，惡魔澤耶並未被一筆抹去。

只是為了安全起見，惡魔澤耶在他的棕色帽子別上了一枚阿帕雷西達聖母的小徽章。他在阿普伊鎮附近走動時，有個叫做薩羅蒙．西舍羅（Salomão Cícero）的保鑣跟著（一名憲兵軍官）。西舍羅下士這樣定義自己的老闆：「惡魔先生沒上過學，他真的是個很簡單的人，他從不說很難（difficulties），而是「粉」難（diffu-kil-ties）。但他是個好人，而且他會給我一點東西。」

葛一與忠實的黃金

葛一是耶爾多拉都．多．珠瑪的貴族頭頭之一，他的故事就是一種亞馬遜式的愚蠢。他在三十七歲之前便育有四個孩子，日子過得非常困苦，就連神召會（Assembleia de Deus）的牧師都覺得，這種際遇對一個凡人來說實在太沉重了。以下是他故事的簡短版本：幾年前，一扇厚重的門撞到了葛一的頭，大腦中的血塊導致他從此困在輪椅上。同樣經歷重生的廢料箱老黑（Negão da Caçamba）背著他去尋求治療。費南德斯牧師（Fernandes）說：「上帝在他身上創造了奇蹟。」

他們說，葛一靠自己的雙腳離開了教堂，而且還很強壯，能夠清晨五點起床，推著給他受洗的推車在城裡叫賣：「我得到了！得到什麼？我有甜麵包，有咖啡蛋糕，還有手工麵包、三明治麵包、麵包卷。」接著是雞肉餡餅、炸肉丸、果汁與優格。葛一在城裡轉個一個月可以賺五十美元。他做完疝氣手術後就一直苦等恢復期結束，因為他的孩子沒有鞋子可以穿去上學。未待縫線脫落癒合，他就回到了街頭，結果體內就惡化了。

二〇〇六年十二月十七日晚上，要論禍不單行，葛一可說是阿普伊鎮最慘的靈魂之一（儘管競爭非常激烈），當時他早已賣掉推車以及幾樣東西，在舊港追蹤治療。他說，半夜上帝賜給他一個夢，夢裡他看到自己待在一個礦坑裡。葛一從床上坐起來後，告訴妻子繆卡太太（Dona Milca）自己改變方向了。他在雨林開出一條路，最終來到礦坑的上方歇息，那裡已經證實擁有礦脈。一月上旬，葛一首度成為丹尼爾多．達．席爾瓦（Danildo da Silva）。

如今他成了一個「堆金積玉」的男人，就連副市長阿米納導．德．索爾沙（Aminadal de Souza）也向他要一塊地去開發。「那傢伙以前從不搭理我。我告訴他真話：溫和順從是我優先考慮的重點。」葛一說。「結果副市長低著頭走了。」

接下來，有位生意興隆的商人從阿普伊鎮來到這裡，陷入泥潭的他提出了一筆交易：他會用城裡的黃金市價給付給葛一，換取礦區獨家供應商的權利。但葛一想起有一回與繆卡太太去買床墊，老早就數好了荷包裡的錢可以付現，但是那個商人卻很傲慢地說：「在這裡，你只能使用信用卡或有擔保的支票付款。」這段記憶還縈繞在腦海，於是葛一拒絕了他：「你看，我現在依然沒有信用卡或具擔保的支票。」那是輝煌燦爛的三個星期，葛一秉持著敬畏上帝的謙卑，讓大家看到地球是圓的。

不幸的是，對他來說地球確實是圓的。廢料箱老黑騎著摩托車，「包包掛在肩上，時速七十五英里，」從礦區一路呼嘯而來，自以為是歌手侯貝多・卡羅斯（Roberto Carlos），在蜿蜒的桑托斯高速公路上前行，結果背帶斷了。「美乃滋罐子裡裝著三公斤葛一的黃金，就這樣破了。」布萊基說。價值六萬美元，他的圓臉上滿是內疚，讓故事更加可信的是：「沿路灑了一百五十英尺的黃金，我只能盡量撿回來。」

一月二十一日星期天，警察前往礦區找葛一。裘瑟・西貝羅（José Ribeiro）是這個故事中第三個重生的人，他所擁有的五金行保險箱被人用斧頭給劈開了。猜猜他們看到了什麼。是的，當然是葛一的金子。「他們偷走了他的兩公斤半黃金，還從我之前為了還債而賣掉的房子，拿走了我的九百五十公克黃金及六千五百美元現金。」西貝羅說。「我敬畏上帝，但如果我有槍，沒人可以活著離開那裡。」

那天晚上，葛一、廢料箱老黑，以及西貝羅在神召會教堂抱在一起大哭。一身衣衫襤褸的牧師召喚了約伯，說著黃金一直是「上帝的定旨」，而搶劫則一直是「上帝的許旨」[4]。隔週二，葛一在醫院待了六個小時。週三，他準備好重新振作，開創自己的事業，盡快實現繆卡太太最心愛的夢想，二十四歲的她是他重生的妻子，目前正在上高中同等學歷課程。這個長髮飄飄、打著赤腳的女孩，擁有什麼樣的夢想？「我想參觀聖保羅的葡萄牙語博物館。我看過一個電視節目，覺得那些詞彙形成的過程真的很美。」

道別的時候，葛一告訴我，這一次，魔鬼不會當面嘲笑他。葛一壓低聲音，幾近耳語地說……他依然有所得（got it）。

市長、牧師，與法蘭西斯科的兩個兒子

在阿普伊鎮，只有兩位重要人物大聲疾呼著，黃金對該鎮來說已變成一種腐敗的交易了。一位是市長恩多紐・侯契・隆夠（Antônio Roque Longo），他是個勤奮的人，身材矮小，儘管他姓隆夠[5]。他害怕某天在礦區淘金失敗的人會湧現市政廳尋求協助，他預測：「那些人生活在非人的狀態下。我們很快就得面臨一個社會問題。」他因此苦不堪言。另一位當地重要人物是弗里亞・伊達西・封德納（Friar Itacir Fontana），他甚至打電話給公共廣播電台，試圖說服他們在空中宣布：淘金熱根本是場騙局。他抱怨：「他們一直在線上把我轉來轉去。」他，也受苦了。

市長看到他的副手阿米納導・德・索爾沙一頭栽入礦區的開採，手上拿著淘金的工具且毫無羞恥心，為此十分不滿。兩人不和到甚至不跟對方講話。阿米納導在礦場以「副礦工」(vice-garimpeiro)的稱號聞名，他賣掉了一輛一九九四年的小貨車，買下礦坑的開採權，並在十五天內產出兩公斤半的黃金。而他所求為何?「為了再買一輛貨車，」他解釋道，「紅色的貨車。」

弗里亞・伊達西統計了一份有罪的教會信徒名單。彌撒現場空了一半，只有婦女坐在教堂的長椅上，由於未達公定人數，牧師不得不取消紀念守護聖徒聖・塞巴斯奇翁(São Sebastião)的午餐會。同樣的原因導致慶典上的牛隻拍賣也失敗了。蓄著鬍子、身著灰色長袍的弗里亞・伊達西，拒絕用套索套住他那些迷途羔羊的耳朵。「那樣毫無益處。親愛的，我的羊此刻正在其他牧場遊走食草。你可以為牠們提供最好的食糧，但那並沒有什麼益處，此刻就只有黃金。黃金，以及更多黃金。」

4〔譯註〕上帝的旨意分為四種，「定旨」是永恆的旨意，不可違背。「令指」是上帝會說清楚希望人怎麼做，但給人們選擇的自由。「許旨」是上帝告訴人們應該怎麼做，但准許人們違背祂的旨意，只不過後果自負。「恩旨」是上帝給犯錯的人再一次救贖的機會。

5〔編註〕隆夠(Longo)葡語為「長」之意。

地獄很大程度取決於你對天堂所知多少。「金礦是上帝的祝福。」特爾莫・投哈卡（Telmo Torraca）在他的黑色塑膠帆布下吶喊，「看看金礦對一個人的影響。你砍倒樹木，陷在泥巴裡，但當我在這裡看到自己三十天內所獲得的四十五公克黃金（價值一千八百黑奧，三百二十美元），我只看到了能為我的血管提供牛奶的兩頭乳牛。」他在阿普伊鎮擁有一百四十畝土質鬆軟的地。「但那是我的地。」他說。他替自己的農舍取名為「新天堂與新天地」。他相信，像這樣乘載著一個人所有希望的地方，值得購買兩頭以黃金為單位來計價的乳牛。

由於這種種原因，市長與牧師成了兩個孤單的領導人，不僅是窮人，連忠誠的選民也追隨著黃金的光芒去了。阿普伊鎮的精英們全身心投入，克服了一、兩種道德本性的疑慮，努力確保在這種無需根基的金屬上，自己手上能持有最大比例的利益。他們不僅向礦工出售商品，有些人還用每個配額兩千美元的會費成立了一個探勘協會，專門探索依然原始的雨林，尋覓著獨家的金礦。

在此應該說清楚的是，阿普伊社會的精英是由一群大膽、具有冒險精神的人組成，他們離開家鄉，前往巴西北部尋求土地與機會並定居於此。「我看了電影《再見巴西》（Bye Bye Brasil）之後就來到這裡，」商店老闆弗朗西斯科・索阿雷斯・內多（Francisco

Soares Neto）說，「我在阿拉哥亞斯州（Alagoas）出生，從小生活在高壓統治下，父親在我有能力跟體制鬥爭之前就把我送走了。我試過里約，也試過聖保羅，然後我在電影《再見巴西》裡看到那條漫漫長路，心想，在我的國家，這是最後一個沒有老大的地方。我來到這裡，從此定居下來，如今拉拔兩個孩子念完了大學。」

弗朗西斯科正說起他的兒子們，他替孩子起的名字預示了自己為他們描繪的未來：「麥基洗德（Melquisedec）意指一個沒有根的人，他是個什麼樣的人並不取決於出生地，而是在他自身。而傑夫托瑪（Jeftomar）則是指埃及軍隊中愛吵架的隊長，他是個鬥士。一切都在那裡，在《聖經》裡面。」弗朗西斯科不得不從阿普伊鎮趕往聖保羅，採辦一些存貨，例如防滑釘、快乾排汗短褲等在礦坑受歡迎的商品。「我用三倍價賣掉。」他沾沾自喜。

恩德列雅太太的歌舞秀，以及接踵而來的妓女傳奇

探礦者從土地奪取黃金，另有一群人試圖從他們身上榨取黃金，這種創業精神是沒有限制的。「我是個養牛的商人，主要的顧客就是那些礦工。」在礦工聚居地工作的小販尼奧貝多·雷契（Nilberto Leite）解釋道。除了兩、三頭牛之外，他每天還賣出總額

兩千美元的商品給大家。同時，他以每公克十八美元收購黃金，同樣的黃金一公克在城裡價值二十美元。

然而，說到勇敢果斷，沒人比得上企業家恩德列雅・勾比（Andréia Gobbi），她是個三十四歲的女人，美豔動人，擁有三個健康的孩子與敏銳的商業頭腦。在黃金出土之前，她與丈夫一起經營阿普伊鎮最大的超市。「然後，我突然想到一個點子。我去參觀了礦區，發現他們那裡沒有任何娛樂活動。」這位商業女強人說，「我想，這裡有點賺頭。」秉持肥水不落外人田的想法，她告訴二十歲的弟弟馬寇斯・哈法艾爾・彭（Marcos Rafael Bom）這個點子，當時他剛從南部巴拉納州（Paraná）的獸醫學校退學，與女友法內莎（Vanessa）一起搬到阿普伊鎮。

於是，世上就有了「恩德列莎夜間俱樂部」，這個店名是由兩位商業女強人的名字複合而成。當然，這間夜店就坐落於採礦村的對面，不過是在河的對岸，這是為了規避警察得在晚上十點宵禁前關門的要求。從亞馬遜州首府瑪瑙斯挑選出來的二十五個年輕女孩，將在盛大的開幕式上成為亮點，屆時的重頭戲會是音樂與脫衣舞；還有二十個房間，每間房價是四公克黃金，由使用房間的年輕女孩付款。「我們會從最美的十個女孩開始競價。」馬寇斯宣布，「而且，我們會賺很多黃金。」

朵拉希・多斯・桑托斯・席爾瓦（Doraci dos Santos Silva），或直接叫她朵拉，還有艾利森潔拉・貝雷拉・達・寇斯達（Elisângela Pereira da Costa），她們不是要被拍賣的女孩。首先，她們都超過二十歲了，而且因為生過小孩，肚子已經圓滾滾了（朵拉生了三個，艾利森潔拉生了四個）。主要是因為所從之事把她們自身變成了獨立的微型企業。對皮條客來說，朵拉與艾利森潔拉不是搖錢樹的好選項，更不用說她們已經是熟婦了。她們走進礦區，婀娜擺動的身軀帶來新鮮的情趣，腦子裡卻有所計畫。「哪裡有八卦，我就去哪裡。我帶了一些人造珠寶去賣，還有六盒保險套。」朵拉說。「名牌貨是我自己要用的，我只賣仿冒品。」

三十歲的朵拉，履歷上的礦區經驗比起生活經驗要來得豐富，她把孩子留給母親照顧，從這個採礦鎮輪轉到下一個採礦鎮，她偷藏起來的錢足以開一間餐廳。十五歲時，一個探礦者在她肚子裡留下了種。接著，一個紳士留下另外兩個。在踏上旅程並落腳耶爾多拉都・多・珠瑪之前，她收到了他寄來的求婚信，上面蓋有羅賴馬州（Roraima）的郵戳。朵拉並未動搖，在離開前，她回信要求他先寄照片來再說。「我總得先看看他現在長怎樣吧。」她這麼解釋。

直到不久前，艾利森潔拉都還有個老公。但是，在她懷著第三個孩子時，某次那傢伙出去買肉，幾個小時後醉醺醺地回來，並朝她的臉揮了三拳、把她摔到牆上。懷胎七月的肚子並未形成妨礙，艾利森潔拉抓起一根棍子，把那個禍害踢了出去。「你相信嗎？那個人居然跑去跟警察隊長投訴。」她說，「我留下了兩個孩子，獨自懷著第三個，他居然還回來想跟我生第四個。」

如果一個礦區的妓女知道自己在做什麼，她就會要求尊重，享受地位，抬頭挺胸地走路。這裡的商業關係與城裡的賣淫完全不同，欲求不滿的男人這麼多，女人卻很少。在黑色帆布或星空下，他們的性愛遮遮掩掩，帶點浪漫的企圖。當唇抹口紅、秀髮飄香的女人出現在河岸上，她們優先要找的是一份廚娘的工作，工資是每月三十公克黃金，負責供應食物給大夥。

這些女人到處賣淫，收費約四到五公克黃金或八十到一百美元，同時她們著手挑選男人，那些有能力從地底挖出金子來的，而不是光會賭博與喝酒的。然後，她們會接受臨時的婚姻安排。在大家眼中，她們是只有一個男人的情婦，他支持著她們和孩子回到城市。她們當廚娘的工資直接進了存錢筒，一毛錢都沒花掉，且還有個額外的好處，沒有人敢亂搞她們。在礦區，已經名花有主的女人會擁有一把妻子專屬的小口徑手槍，誰敢用手碰她，先吃顆子彈再說。

這個計畫是完美的，但既然「完美只存在於神蹟中」，免不了總有缺陷。朵拉與艾利森潔拉一致嘆息，因為在礦區也有英俊的男人。還有男人長了一雙性感放電的眼睛，長年奮力淘金雕塑出好身材，媲美帕哥奇歌手的甜言蜜語。「我們的麻煩是，一旦墜入愛河，下場就是遇上窩囊廢，毀了我們的生活。那我可真是走衰運了。」朵拉傷心地說。「有些專門勾引女人的男人，他們在床上很狂野，能讓女人達到丈夫無法給的高潮。」艾利森潔拉既懊悔又渴望地說。

這兩個女人試著讓彼此理智一點，如此一來，在耶爾多拉都．多．珠瑪，這種悲劇就不會發生在她們身上。但是第二天，有人目睹她們其中一人偷偷跟著一個長著一雙貓眼的黑人溜走了，那個表演走鋼索的人看起來孑然一身，無家可歸。

徒步旅行的巴西人傳奇

乍看，唯一出現的是人類雙手在雨林腹地撕開的巨大口子。但是，如今在亞馬遜雨林南端上演的傳奇故事卻蘊含著更多意義，巴西正行走於其中，而耶爾多拉都．多．珠瑪只是這些人出發追求新希望之前停留的最新一站。這些人有時赤腳前行，他們願意為淘金而死，如果必要，甚至僅用指甲來挖掘。這樣的人們卻在巴西尋覓著一個未竟之地。

他們賣掉一切，卻從不出賣本質：一個不安、渴望的靈魂，那讓他們迫切地想要找到方法圈下一塊土地，謀得更好的房子、二手車，或只是一點點搏風的希望，好讓夢想可以持續下去。他們的冀求其實並不小。「小姐，像我們這樣的人，不管到哪裡，我們永遠是巴西一無所有的底層。」葛一曾這麼說。

馬梅久．夏卡斯．德．歐利斐拉（Mamédio Chagas de Oliveira）幾乎沒上過學校，但他會算的數正好符合自身的需要。他是他們口中的乞討者，在泥巴與金礦的社會金字塔裡掙扎求生。拿起鍋子，他輕輕篩著砂礫，看看別人已經放棄的地方是否還能淘出些金子。「有一天我淘到四公克，第二天得到五公克，光這兩天賺的錢就相當於在瑪瑙斯街頭賣一個月地毯的收入。」他說。「這很簡單。如果有好日子過，我就不會來到這裡並一頭鑽進泥巴裡。」

埃利亞斯．西蒙（Elias Simão）四十四歲，躺在阿普伊鎮的病床上，長期飽受病魔摧殘。他只當了兩週「未破土」（unbroken）[5]的探礦者，這個詞在交易上代表新手菜鳥，但這已經足以讓他的靈魂充滿這裡的氣息，而他的身體則立即毀壞了，罹患肺炎與腸道感染。他後不後悔？

臉上流露著一絲老練的微笑，他宣稱：「不後悔，這段經驗讓我很快樂。你知道的，從小我除了種田，什麼都不懂。我甚至把田地當作搖籃睡，咖啡、米、黑豆、玉米、雞、豬。如果不是礦區，連我的棺材都會是田地。我在那兒學到一些新東西。我會回去種田，但此刻我的內在正在經歷一場探險。」他用沒有靜脈注射軟管的手，自豪地拍了拍自己背後的口袋：「我得到的十五公克，正在口袋裡。」

有個男孩跨坐在剛枯死的樹幹上，他無視飄散在空氣中的糞便惡臭，張大著嘴巴自我介紹。他的笑容是少數配得上用「二十四克拉」形容的微笑，五顆鑽石鑲嵌在他的齲齒中。丹尼耶奧・奇列米諾・達・席爾瓦（Daniel Guilhermino da Silva）說：「我從羅斯福礦區寬腰帶部落（Cinta-Larga）[6]的土地上，帶來這五顆鑽石。」他的口袋裡連十五美元都沒有，更別說是三十公克黃金了，但是，有張地圖已經融進了這個可憐人的身上。他的嘴裡盛裝的不僅是他所有的財產，還有他的，本質。「我喜歡這裡的泥巴、這裡的騷動、這裡的人們。這些不是很好嗎？」他說。然而他卻離開了。

5〔編註〕葡語版用字為brabo，字面意思為暴怒、凶猛、野蠻，也可用於亞馬遜流域從事採橡膠工作上沒有經驗或不懂技巧的工人。

6〔編註〕亞馬遜雨林中的原住居民，這個部落名稱的由來是由於他們身上穿戴著一種由樹最內層的皮製成、類似腰帶的配飾。音譯為「辛達・拉爾嘎」。

8 阿岱奧想飛 Adail Wants to Fly

他名叫阿岱奧・裘瑟・達・席爾瓦（Adail José da Silva），住在通往天堂的大門——南大河州，從那裡可以飛往全世界，而整個世界也在南大河州落地。三十六年前，他抵達這裡，就在愉港的入口——小薩爾加多機場（Aeroporto Salgado Filho）。在混亂的落腳過程中，他很早就感受到差異。某個倦意十足的春天，他從出生地的群山中搭上老舊的公車來到這裡，他的雙手在家鄉染上了松樹的血。阿岱奧抵達的時候差點嚇死，他這輩子唯一見過的飛機在卡內拉鎮（Canela）撞山了。那隻墜落的大鳥幾個星期以來迷住了大群的鄉下人，畢竟他們只能以雙腳在地上滑行。他緊緊抱著自己的紅皮箱來到這裡，裡面裝的只有六件個人的零碎雜物。在機場的正門（今天只開了一半，對他來說卻大得不得了），他突然停下來，拒絕前進。

朋友推了他一把，阿岱奧踉蹌地往前走，手上提著笨重的手提箱，但沒有機票。一九六三年十月的黎明，一段從未離開地面的旅程展開了，至今依仍持續著。在接下來的餘生，阿岱奧成為了自己命中注定的人。他成了搬運行李的「小子」，並因而發覺了距離的相對性，因為他總是咫尺天涯。他距飛機的機翼不到一百步，卻永遠遙不可及。

這一切讓阿岱奧只能順從自己的命運，遠遠愛慕著機翼。打從第一天起，他就從未搞懂那些轟隆作響的東西是怎麼飛起來的。那麼多金屬，那麼多人，那麼多行李箱，老天啊！怎麼可能飛起來？當他塞滿那些鋼鳥的肚子，阿岱奧看到世界飛逝而過，往返的速度快到令人害怕。他想成為那些行李，被飛機吞進肚子裡。從瓊昂・古拉特（João Goulart）到費爾南多・恩里克・卡多索（Fernando Henrique Cardoso），他見過每一任巴西總統，他還見過足球球王比利（Pelé）與歌手侯貝多・卡羅斯（Roberto Carlos）。他替朵妮亞・卡黑羅（Tônia Carrero）提行李，與這位他心中巴西最美的女人（至今他依然這麼認為）一起變老。

阿岱奧見過整個世界，但世界往往看不見阿岱奧。世界變了，阿岱奧也變了，但兩者的改變幅度都沒有大到足以縮小搬運工與飛機之間的距離。即使六十二歲了，那些從機門出來的客人仍舊喊阿岱奧：「嘿！小子！」這個世界依然屬於那些客人。但阿岱奧，喔阿岱奧——阿岱奧從未放棄飛行。

†　†　†

「你一開始其實不想在機場工作，為什麼不想呢？」

「我認為這不是男人的工作。有一年多的時間，我在機場都是躲躲藏藏的。接著，我習慣了流浪漢的生活。」

「住在靠近飛機的地方，你覺得值得嗎？」

「我蓋了一間房子，雖然不大，卻是我自己的。我養大了三個孩子……這一切全都靠航空業。對我來說，航空業就是從天上掉下來的天堂！」

「你這輩子最氣憤的是什麼？」

「當那些愛炫耀的人從美國回來並開始說巴西的壞話，我就很火大。那些傢伙很狗腿，對不對？就算我哪裡都沒去過，我還是知道世上沒有比巴西更好的國家。我沒去過其他地方，但我在機場聽得到大家談話。美國或許到處都很民主，不過看看他們如何對待自己國內的黑人，光看這件事就好。」

「你的客人怎麼稱呼你？」

「那些老闆[1]會這樣喊我：『嘿，小子！』我想，這種叫法其實很親近。」

「你會稱呼他們老闆嗎？」

「對我來說，所有人都是老闆。下班離開機場的同事也是老闆。所以我會說：『哈囉，老闆。』『老闆，一切都還好嗎？』『馬上來，老闆。』」

「這是你的工作祕訣嗎？」

「你得謙卑一點，傲慢自大一點好處都沒有。如果我是個大咖，就不會替別人提行李了，對吧？我誰都不是，所以，我得認清自己的立場才行。」

「你這輩子去過最遠的地方是哪裡？」

「克里西烏馬（Criciúma）。鄰居曾帶我去那裡買衣服。我抵達邊境時脫口：『哇！我離開巴西了！』」

「關於飛機，最美好的事是什麼？」

「起飛。不管何時，只要可以，我都會跑到頂樓偷看飛機起飛。我到現在還搞不懂飛機，看起來好像還沒要飛離地面，接著就飛起來了，像隻鳥一樣。一頭禿鷲。」

「你會想飛看看嗎？」

「在我的夢中。但我已經不抱希望了，窮人是飛不起來的。」

「你會想飛去哪裡？」

「阿帕雷希達聖母的聖地，去還願。十五年前，我許過一個願，如果聖母能夠治好我的腳，我就要去那裡。當時我幾乎無法走路了，祂治好了我。我曾經試著和我太太瑪麗雅．施吉（Maria Cedir）一起前去，但我連巴士的錢都付不起。」

「你答應聖母用什麼還願？」

「我會放一雙襪子在神壇上。」

「你覺得搭飛機會是什麼感覺？」

「肯定很有意思。我看那些來自廣大世界的人都很開心，飛行肯定很棒！」

「你覺得那會是什麼情況？」

「我甚至不知道待在那樣的怪獸裡面，我的行為舉止應該如何。你知不知道，他們會不會引導人們到自己的位子上去？」

「跟我聊聊你的夢。」

1〔編註〕通文裡的「老闆」，在〈英文版譯者的話〉有特別解釋，在英文版裡是直接用了葡語的單字「doutor」，字面意義可以解釋為博士、醫生，但一般通俗的語境裡，社會階層較低的人通常會尊稱他們的老闆、客戶、客人（服務行業）為「doutor」，其實比較接近英文語境的「Sir」，接近中文語境裡常用的「老闆」。

「我想上去DC—一〇看看，那是飛機裡面最大的一架，而且是最偉大的，隸屬於巴西航空。我有一套舊西裝，我會送洗，而且我會搭頭等艙。一切都是我應得的，在那裡不用等待，只要盡情享受。而且，我會像個老闆一樣，我會在那裡說：『頭等艙。』（阿岱奧模仿他們，抬高下巴，發出聲音。）」

「然後呢？」

「我會像鯊魚一樣坐在那裡，抽根很棒的高級雪茄。接著，我會跟空中小姐說：『給我來點好喝的蘇格蘭威士忌。』然後，我會享受一切。我的人生再也不會錯過任何事。」

「你會吃什麼？」

「吃？你非吃不可嗎？我不覺得自己會吃什麼。我習慣在家吃我的豆子和米飯。但如果要點東西來吃，嗯，那我會點一些蝦子。」

「你喜歡吃蝦子？」

「我沒吃過，我想知道蝦子是什麼味道。」

「那回程呢？」

「我會回到自己的家鄉，告訴親戚：『我搭過飛機。』」

「你會帶什麼樣的行李箱？」

「你知道的，我沒有行李箱。為了搭飛機，我會買一個帶輪子的行李箱。我覺得那些行李箱很精美。」

「誰會替你提行李箱？」

「喔，德國佬！他真的很自以為了不起。我會給他五塊錢，叫他替『行李小子』提行李箱。」

「你起飛的那天會是怎樣的情景？」

「到了那一天，那些機場的傢伙都會說：『阿岱奧老闆來了！』至少在那一天，我會成為老闆。」

9 吃玻璃的男人 The Man Who Eats Glass

在愉港的公共市場前，有個玻璃碎片圍成的圓圈，一個骨瘦如柴的男人站在圓圈中間，直截了當地朝我提了一個深奧難解的問題：

「小姐，告訴我，你認為我應該繼續吃玻璃，還是放棄，回家努力種田？」

有好一會兒我呆若木雞，不知道該說什麼，完全啞口無言。他應該繼續吃玻璃，還是不吃？這是一個問題加上半個問題。後來，我明白了。三十五年前因此被命名為久吉．路易士．森多斯．德．歐利斐拉（Jorge Luiz Santos de Oliveira）的他，有個夢想，希望能靠吃玻璃維生，因為吃玻璃是久吉．路易士的技藝。從早年開始，這便導致久吉．路易士離開久吉家族，離開人數眾多的鄉村居民，離開聖熱羅尼穆（São Jerônimo），他的故土，煤礦之鄉，離開那片黑而刺鼻的所在。在啃咬他的石子地時，久吉．路易士發現自己是世上獨一無二的，儘管他憂鬱的表情、他的血肉之軀跟別人沒什麼兩樣。他藉由啃石頭嚇跑在自己內心爬行的害蟲，從此點亮了他的藝術之路。

而對一個反芻石頭的人來說，玻璃沒那麼可怕。

久吉．路易士是從啤酒、白蘭地，甚至香檳的酒瓶開始的。就像他那粗俗直白的海報上寫的，他成了鋼鐵人。因此，在岩石上喝著一升裝的蘇格蘭威士忌時，久吉．路易士問了我這個問題：他應不應該繼續吃玻璃？這對他來說是人生的十字路口。我靠近他，試圖理解這個問題。然後，我注意到了，鋼鐵人在哭。

久吉．路易士沒有觀眾，對表演者來說這絕對是悲劇。他畫了傳統的水圈來吸引大眾，但沒人來。大家全都站在一個原住民旁邊，看他展示盒子裡的蜥蜴，推銷一些神奇的軟膏，保證著那些藥膏直接產自亞馬遜雨林。以前，久吉．路易士試著在繁榮的徒步商店街表演，但當他看到那個街區的老大——威嚴的巴西版藍波身上令人讚嘆的肌肉，他就離開了。

於是，鋼鐵人帶著他的財富匆匆來到葛雷紐．貝利斯廣場（Largo Glênio Pere），其中包括一頂皮帽、裝滿玻璃碎片的袋子、兩個孩子的照片，還有一張他寫的紙條，他在上面發誓永遠愛他的妻子，她在兩年前被車子撞死了。「達琪婀妮（Tatiane）我愛你。」紙條上寫道。字全都黏在一起，如此，他才能永遠不再離開一生摯愛，就連文法的空格都不能分開他們。

我遇見他的時候，久吉．路易士剛受傷，他從垃圾桶挖出一支進口的瓶子，結果玻璃碎片害他的犬齒斷了。好硬的玻璃，驚嚇的鋼鐵人一邊說，嘴角一邊流出一絲紅色的血。他告訴我，他的靈感來自偶像「鴕鳥人」（Homem-Avestruz）[1]。在他小時候，鴕鳥人吞下了撞球，還有掛鎖、鑰匙和所有東西，全都一口解決。

久吉．路易士不明白為什麼人們寧願看無聊的蜥蜴啥都不幹，也不想看一個人吃玻璃、躺在玻璃上、在玻璃上行走。我也不明白。這個世道真奇怪，人們看到一個人吃玻璃竟然不驚訝。

我們倆站在那裡盯著蜥蜴看，思索人類的奧祕。然後，我離開了，沒有回答他那深刻的問題。他咀嚼著玻璃，但刺穿他的，卻是沒有形體的。

1〔編註〕這位「鴕鳥人」在一九八〇年代巴西電視節目上表演，因吞下文中所提的各種物件而成名，後來死於槍殺。他在某個表演現場，一名懷疑他做假的民眾向他開了四槍，得年三十八歲。

10 老人之家 Old Folks Home

突然間，他們就來到這兒了，站在老人之家的鐵門前，隨身行李塞進了他們的一生。過往人生大小事交織成一張龐大的網，那些在渴望與希望之間的所有奮力掙扎，全都被他們拋下了。他們的家、他們的家具、他們的鄰居、牆上的裂縫，水槽邊的玻璃杯、床墊上躺過的身體痕跡，一切都縮減成一個動詞時態，過去式，他們只擁有靠不住的現在與沒有人想要的未來。

他們總認為，老去是別人的命運，從未想過自己有一天會站在這扇門前面。面對眼前的門檻，他們發現跨出一步就等於跨過深淵。家人把他們留在這裡，是因為認定他們的時間已經到了。住進一間不屬於自己的房子，置身於陌生的家具之間，面對他們不認識的臉孔，還有格格不入的回憶，他們被簡化成一個沒人想聽的故事，因為那一切只存在於過去。

「我不想跟自己的房子說再見。」森德拉・卡法略歐（Sandra Carvalho）說，「我只是要我的兒子幫我帶櫃子來，我的小擺飾都放在裡面，還有沙發、我的扶手椅、桌子和我的照片。從那時開始，只剩下這些東西陪我過日子。」森德拉與生病的先生一起來到這裡，八個月前他過世了，森德拉留了下來。照片中的孫子已經長大了，孩子的眼睛也上了新的眼彩，他們的房子早就租了出去，就連城市也有興衰的變化，但森德拉全都沒能看見。

說起聖路易斯老人之家（Casa São Luiz）的鐵門，有著些哀痛的故事。這個機構乾淨整潔，正派經營，充滿溫暖的呵護，勝過大多數的老人之家。正如其他的老人之家，這將會是他們最後的住址，是為了那些無處可去之人發明的庇護所，它困在醫療進步（讓他們得以活到這麼老）與只重視年輕人的社會之間。這間老人之家本身也很老舊了，它在卡諸（Caju）一帶為鄰里服務了一百一十一年。卡諸是里約熱內盧最大的墓地，是每個當地人生命盡頭的安眠之處。

費黑拉．島梅達子爵（Visconde Ferreira D'Almeida）創立了老人之家，他是個擁有強烈信仰的人，在通往老人之家中心的林蔭道上，每一步都感覺得到這一點。他的青銅像凝視的視線無所不在，徹夜不眠看守著二百五十七位共用這座堡壘的老人。這個堡壘分成六座塔，每座塔的命名都用來紀念某位聖人，或是某個存在數世紀之久的里約熱內盧古老家族，後者曾巨額捐款，以確保他們在天堂擁有立足之地。

儘管創辦人的雕像堅如磐石，但隨著時間流逝，老人之家漸漸改變了。老人之家創立於退休制度創設之前，成立目的是當貴族所有的紡織廠工人老到無法操作機器時，為他們提供住處。一個世紀後，住進來的變成了原本是自由業的專業人士、商人、企業家與知識分子，還有中產階級，以及一些頂著顯赫姓氏、有能力負擔個人房的人。

至於那些在外面世界買不起房子的人，則占據了四十張免費床位，一起住在通風的大通鋪。他們曾經是工人、店員、裁縫、洗衣婦、女傭。這裡與外面一樣，富人與窮人之間有著一條長長的樓梯隔開。讓人安眠的床，與讓人避開恐懼的床，兩者截然不同。

森德拉．卡法略歐是三個孩子的母親、六歲孫子的祖母，她還有兩個曾孫。她很幸運擁有自己的房間，否則，她就只能有一個衣櫃，她八十年來的人生全都得塞進裡頭。森德拉是由老二送到老人之家門口的，她想跟著他住在美國，但不可能。「那太複雜了。」她說服自己，「我想成為歌手，結果成了縫紉女工。我的人生總是充滿衝突……。」她拿著結婚相冊，撫摸著照片上的笑容，喃喃地說：「裡頭的我已經褪色了。是啊！我已經要消失了。」

森德拉與這裡所有的人一樣，都是時間困境的受害者。老年人失去了人際關係的聯繫、友誼與熱情，獲得了歲月。他們比父母和祖父母更長壽，卻活得更孤獨。心跳還沒停止，這個社會就已經把他們當成死人了。對這個無法容忍跌倒的世界來說，他們的步伐變得好緩慢。他們已經成了帶來不便的證據。把他們留在老人之家門口的社會，走上了陰暗複雜的路。即使高價請來最好的整型外科醫師也無法延續青春，滿臉皺紋、沒有自信，他們成了令人討厭的提醒，但不是讓人憶起過去，而是想到每個人的未來。

在老人之家的門前，他們決定要活下去。他們竭盡所能，部分原因是他們已經老到足以明白這種可能性不容易實現。在這個將老年人與時間、世界、自己的家庭隔絕開來的地方，他們每天抵抗、造反。他們渴望：菜單上出現不同的味道、繆斯如今比他們年長的性幻想、明日的報紙，只要他們還有渴望，即使與世隔絕，他們就依然活著。因為，活著不僅僅是呼吸，而是超越科學的勝利。

七十四歲時，葡萄牙裔退休商人費梅琳達・佩斯・肯波斯（Fermelinda Paes Campos）把盛裝參加派對當作每天的革命儀式，她把珍珠與薄如蟬翼的布料披掛在身上。「這些荷爾蒙不會放任我孤家寡人，我正熱力四射。」她吐露心聲。七十一歲的前記者保羅・施哈多（Paulo Serrado）受困於輪椅上，他夢見自己騎在老鷹背上飛越群山。「我醒來時覺得自己像個傻瓜，但沒關係。」現在已經沒辦法跳舞的他，在寇巴卡巴納（Copacabana）的波希米亞人口中，曾經是家喻戶曉的佛雷德・阿斯泰爾（Fred Astaire）[1]。他緊緊抱著賽德・查里斯（Cyd Charisse）[2]的劇照（號稱「電影中最美的長腿」），在自己的幻想中打轉。八十九歲的侯莎・貝拉・歐哈琳（Rosa Bela Ohanian）住在歐洲與美國，她在華盛頓擔任外交人員，能講四種語言。她從自己的憂鬱中走了出來，用丹麥語哼唱一首情歌：「我愛了一輩子，不僅僅是片刻。」

人生一旦走到盡頭，生活就成了一部電影，你想在裡面加個角色，剪掉一些場景，讓攝影鏡頭裡的顏色鮮活起來，用一些重金屬音樂或皮亞佐拉（Piazzolla）的探戈取代背景音樂。八十六歲的奇列米・寇耶柳（Guilherme Coelho）曾是建築工頭，他寧可活在遺憾中。他對於自己年輕時縱情聲色懊悔不已。現在，他整個轉向了靈性追求，

1〔編註〕佛雷德・阿斯泰爾，一八九九—一九八七，美國電影演員、舞者、舞台劇演員、編舞家與歌手，演出生涯長達七十六年，參與過三十一部歌舞劇的演出。

2〔編註〕賽德・查里斯，一九二一—二〇〇八，美國女舞蹈員、演員。電影公司曾為她的長腿購買百萬美元的保險。獲美國總統喬治・布希頒發美國國家藝術勳章。

手邊隨時有本《聖經》。他癱瘓了六個月，只能仰賴尿布與看護的照顧，腦子囚禁在身體內。奇列米永遠擺脫不了失能的恐怖，還有那個朝他癱瘓的身體扔電話的醫院護士。當他成功用大腳趾移動床單時，認為那已是奇蹟。上帝賜予他時間，讓他做好死亡的準備。然後，奇列米為自己最後的時光選好了歌。

被逐出世界

諾耶米亞．阿德拉（Noêmia Atela）來到這不是為了待下來。她重申自己每天立誓抵抗的諾言。她把自己的生活縮減在三十步的距離，從她的公寓大門走到大廳盡頭的長椅正好三十步。諾耶米亞坐在那裡，就位於電梯與電話之間。她希望她的孩子能夠讓她自由，不論哪個孩子都好。她總是透露著同樣的祕密：「不要告訴別人。我下週就會離開，我已經叫女兒帶我的行李箱來了。」

他們將自己拋下的世界稱為「外面」，事實上，被遺棄的是他們。那是他們曾經去過、但往後將不再踏足的地方。幾乎所有人來到這裡都是別無選擇。首先，他們失去了丈夫或妻子，然後是他們再也保不住的家，接著是孩子的公寓變擠了，最後則是整個世界變成了一個寫著「禁止進入」的巨大標誌。到頭來，他們落得無處可去的下場，只剩下老人之家這個選項。

他們帶著粉碎的尊嚴來到老人之家門口，身邊的行李箱裝滿他們最珍惜的零星物品，例如年輕時的照片，當時他們的孩子年幼、聽話，生活還掌握在自己手中——那雙手在他們試圖抓住欄杆時還不會失手。「這只是暫時的，等你好一點就可以回家。」他們的家人這麼說。那是最後一次，他們假裝相信家人的話。

「我只是來作客的，待幾個月而已。甚至這不是我自己決定要來的。我想，他們談得還不錯，於是決定試一試。然後，暫住的時間延長了，現在我想自己多半是要死在這裡了。」已經退休的公務員瑪麗雅・普拉多（Maria Prado）說。她的眼神流露出自己那醞釀了一個世紀的調皮與幽默，開口說道：「我希望你逗留的時間不會延長……。」

對大多數老人之家的住戶來說，出口是禁止出入的，他們得經過批准才能出門，掌管出入大權的是家人或醫生。這些住戶很可能會迷路、逃跑或遭到搶劫，一旦跨出門外，一切都會變得危險。即使是那些獲准出入的人，想去看看這座城市的強烈慾望也慢慢減弱，最終消失殆盡。直到他們完全切斷臍帶，老人之家變成他們唯一的世界，每道牆都安全得堅不可摧。「有時我會想出去外面，但是像我這麼老的人，到外面能做什麼？」奇列米說，「只有在裡面，在這個地方，我才能感到安全。」

頭一回，保羅只待了一個月。他抱持獨身主義，在寇巴卡巴納擁有自己的公寓，自從某次事故導致他雙腳接受固定手術，以及心肌梗塞發作之後，就請了個看護來協助他的生活起居。某回，他的姊姊決定去歐洲待上一個月，便要求保羅住進老人之家。她說：「只有這樣，我才不會擔心。」保羅去了。

後來，他回到寇巴卡巴納。「就在那時我突然想通了，我出門拄著拐杖走路，看見一個魁梧的身影躍上咖啡館的櫃檯。那是隻杜賓犬。」他說，「當我回到住處，有個該死的主婦出門和朋友聊天，旁邊就是隻杜賓犬，而且沒有繫狗繩。隔天則是一隻杜賓犬和比特犬。我心想，『要是這些騙子找上了我，我該怎麼辦？』」

保羅打電話給槍械專賣店，打算買支手槍來自衛。「然後，我想起我的祖父。他說我的個性急躁魯莽，不適合擁有武器，否則肯定會幹出蠢事來。」他說，「我放棄了自己的照片、果汁機、洗衣機，把我的公寓租出去，回到這裡。我得接受自己的失能，我的身體已經沒辦法在外面到處趴趴走了。」

如果說這個世界對每個人來說都很危險，那對上老年人就更相當於地雷區，危機重重。人行道上每個坑洞都足以致命，每多走一階樓梯就可能從拄拐杖晉升到坐輪椅。

他們疲憊的雙腳再也爬不上公車，司機不耐煩地用鼻孔哼道：「這些免費搭車的老人，我們還得等他們，延遲了車班。」街上的孩子把老人當成主要的搶劫目標之際，同為弱勢的這兩群人爆發衝突，一邊是被棄養的小孩，一邊是被遺棄的老人，偏偏老人的雙腳不聽從腎上腺素的命令，他們就是這樣漸漸被逐出社會的。

他們最害怕的不是死亡，而是跌倒。葡萄牙裔的費梅琳達說：「我發覺自己在一座四面臨海的小島上。十八個月前我來到這裡，一直很害怕出去外面。每回出門，都覺得自己像隻展翅飛翔的小鳥。可是我再也不喜歡飛了。如果我飛起來，很可能會跌倒。」

那些目前還能自己行走的人，像費梅琳達一樣，在老人之家四處遊蕩，彷彿置身中世紀城堡。比起審判日，他們更害怕聖久阿欽館（Pavilhão São Joaquim）的二樓。「你去過那裡嗎？」費梅琳達問道：「最好別去。如果你堅持，好吧，隨你，但不要打電話給我。」

那些跌倒後再也沒有爬起來的人就躺在那層樓。在那個長期療養的地方，痴呆或許好過清醒，住進那裡的人只剩下人類的軀殼，每次吃東西，食物就從嘴巴掉出來，老是重複過去的動作，儘管那些動作當下並無意義，還不時大聲呼喊著早已離開的人。

聖久阿欽館的二樓就像專為活著的靈魂而升起的地獄，一間介於家與墓地之間的倉庫。居民假裝自己對後者毫無所覺——他們無意識的程度，就相當於無視暴風雨來臨前的烏雲。

還活著的時刻

侯莎．彼門特奧（Rosa Pimentel）從聖久阿欽館的三樓跌到二樓，她不過飛了那麼一次，就倒栽蔥摔了下來。侯莎只剩下手臂可以動，但她還有一張嘴。即使高齡八十八歲，她依然樂於重新創造生活，從不厭倦。侯莎躺在病床上，病房裡的每個人幾乎失去了一切，包括心智，而侯莎則透過寫詩讓自己保持漂浮。一句詩交織著另一句詩，她拋開束縛，自由揮灑。「我不知道這是怎麼發生的，因為我連一本詩集都不曾擁有過。」她有點驚奇地說，「詩句就這麼進入了我的腦海中。」

沒有愛，沒有錢，甚至沒有親戚，現在連行動能力都沒了，侯莎卻把自己的生活變成了詩。「一九一三年十月十八日，晴朗的週六，下午四點二十分，在柑橘樹街（Rua das Laranjeiras）五十七號，電話號碼三五七，我出生了。」她用詩來點綴童年：「今天我是個無名小卒，只有那些無論如何都會愛我的人不這麼認為。我爸爸擁有葡萄牙最大的農場。我現在還記得那些乳牛，牠們叫做福爾摩沙（Formosa）、費黑拉（Ferreira）、淑女（Fidalga）、美人（Bonita）。還有一隻白色的斑點狗，牠的名字是鑽石。」

侯莎張開雙手，她知道只要繼續把一句又一句詩交織在一起，她就還活著。畢竟，人生不就是這樣嗎？一首快樂的詩裡蘊含了一首悲傷的詩，得中有失，日復一日。

諾耶米亞出現在自己的公寓門口，手上抓著一張從筆記本撕下來的紙，因為握得太緊已經皺巴巴了。上面寫了一週的日子，從週一到週日。既然指南針在手，諾耶米亞便開始導航。「今天是禮拜三嗎？」她問。「那今天是我女兒玖潔契（Georgete）探訪的日子。週六則是我孫女來訪。」她轉身回房，深信自己將時間掌握在手裡。

老人之家的時間跟其他地方不同，主要是跟著用餐時間走，時鐘的指針走到七點半代表早餐時間，十點吃點心，中午吃午餐，下午兩點再吃一頓點心，五點晚餐。如果住在單人房，就在自己的房間用餐；如果和別人共住，則會在宿舍的露臺用餐。以前原本有一間公共餐廳，但他們很快就發現，有錢人不喜歡跟窮人混在一起，即使他們已經老去了。沒付錢的人粗鄙無禮、爭搶食物，付錢的人發覺食物可能會從他們的盤子裡消失而焦慮了起來，種種一切都激怒著有錢人。

於是，他們關閉了餐廳。現在他們將每個階級劃分成小眾，分別提供餐飲，如此一來就不會有人因為別人的飢餓而覺得自己受到冒犯。那些不在慈善名單上的居民，決定在此重現這樣的世界——外面那個拋下他們的世界中最糟的部分，全都在這裡重演。他們將老人之家分成北派與南派，兩邊的人馬不能混在一起。

老人沒什麼別的好期待，滿心期待的只有自己的食物。每天圍繞著一點麵包、奶油、水果、披薩與湯之間轉，他們的生活建構在食物與食物的縫隙之間。因此，食物的地位空前重要，成為每次督察會議的議題。奇列米對於頑強占據他生活的橘色根莖類感到厭煩，於是他對紅蘿蔔發起了一場運動，他渴望看到其他顏色，即使是馬鈴薯那種一點也不鮮亮的顏色都好。「我再也受不了紅蘿蔔了，每天不是紅蘿蔔燉菜、紅蘿蔔配雞肉，就是沙拉裡摻著紅蘿蔔。為什麼不是馬鈴薯？」他在公眾抗爭活動中問道。「我都快要變成橘色了。」然後他得到甜菜根的暗示，立刻臉紅了起來。

維森吉．阿莫林（Vicente Amorim）想吃更精緻的菜餚，要求更豐富的調味，還希望加一些目前菜色中已經消失的香料。他無法忍受自己的菜單受到控管，那就像一個很糟的隱喻，意味著他已經失去自由意志。「打從授權女兒成為我的法律代理人那天起，我的簽名就等於放棄了自我。一開始迎來的是歡喜，接著我就清醒了。」他說。「我知道不論銀行帳戶是不是赤字，我都再也不必擔心了。這就是我失去自主獨立的時刻，然而我沒有失去理智。」

這個老人總是坐在老人之家的同一張長椅上，這張受天使之翼保護的長椅，對他而言就是監牢——一個完全屬於他的地方，不論何時他都可以坐著輪椅前往，不論是誰奪走他的地盤都會立刻站起來。「我從未想過自己會在這裡。臨床上，我沒有任何疼痛的感覺。但我感到難以言喻的憂慮，沒有任何文字從我的指尖洩漏出去。」

維森吉是個寂寞的人，他太需要陪伴，反而因此跟每個人保持距離。和藹的維森吉，就算高齡九十七歲仍有種錯覺，認為自己脾氣彆扭。「我是那種自命不凡的人，覺得自己比別人強，即使心知這是一種愚蠢的偏見。這正是我孤立自己的原因。」他坦言。「所以，我開始認為這裡這張長椅是我的，與我作伴的只有一隻從樹上飛下來的小鳥，還有映照在建築上緩慢移動的陽光。我觀察著正在工作的人、假裝在工作的人、賺錢容易的人，我熟知老人之家每個人的生活。因此，我覺得自己在人群中孤單寂寞。而且，我傾聽寂靜。」

森德拉．卡法略歐已經習慣寂靜，也習慣了這裡的日子。「有個女孩會把我的早餐送進來。然後我會下樓。十一點一到，我就回樓上等著吃午飯，接著是午睡。然後我會下樓。接著是回樓上等吃晚飯。週二與週四，我會做膝蓋的物理治療。我會繼續活下去。」她說。她的子孫從梳妝臺上那些照片裡對著她微笑。

謊言時刻

他們告訴每個人自己想休息。「說謊也是一種滿足。」維森吉·阿莫林解釋道，他坐在那張位於石雕天使之翼底下的長椅上。休息正是他最不想做的事，畢竟，永遠沉睡的陰影正潛伏在下一個角落，誰會想休息？

對這樣一個暴力隱藏於文字背後的時代來說，葡萄牙語單字「asilo」（亦即收容所或庇護所），變得太過殘酷。於是，他們發明「休息之家」（casa de repouso）這個詞，為那些在世人眼中已經厭倦生活的老人提供庇護（其實是這個世界厭倦了他們）。「但這裡真的是收容所。雖然豪華一點，但就是個收容所。」保羅突然暴怒。「年輕的時候，如果有人告訴我，有一天我會住進這裡，我會說那傢伙瘋了。黃金歲月個屁！」

侯莎·貝拉（Rosa Bela）從長椅上站起來，像悲劇中的角色般扭著雙手，說她不想要安寧與平靜。「這裡缺少年輕人的熱情，只有青春才能鼓舞老人振作起來，而不是任由老人坐在那裡盯著周遭，彷彿他們正在演出某個老故事。這不是某個老故事，這是真實人生。」她說。「我們為什麼不能參與？」她坐回長椅上，雙眼炯炯有神，神志清明。

侯莎再度從長椅上站起來，這個難得的機會讓她突然興奮了起來。原本，她對每件事就都有著許多想法，大家公認光是她說話的回聲就足以填滿老人之家的空白時間。她想跟全世界分享自己的後見之明。現在她發現這裡缺少了什麼，卻沒人聽她說話。「事情是這樣的。一位作家寫得很好，而後來的人已經讀過他寫的內容了，所以覺得什麼都差不多。萬事萬物都是如此的，你再也沒有『這裡有新鮮事』的感覺，那就是這個世界所缺少的。『新鮮事』才能帶來價值。」她說，話裡穿插著英文片語。在這個永無止盡的失眠之夜，一片呻吟聲中，有個年輕女孩坐在離侯莎幾公尺的地方，盯著地板看，她覺得侯莎瘋了。

真相時刻

在老人之家居住的人們，年歲加起來超過兩萬年，老人之家在人們的一呼一吸之間一直變動著。創辦以來基於遺囑中的某一條款，管理的棒子一代一代傳承了下去，如今交棒到了黑吉娜・比騰寇吉（Regina Bittencourt）手上。將近八十歲的她是大使的妻子，是位德高望重的女性，她是那種骨子裡吸取法國養分，足跡遍及全世界的人。

黑吉娜太太（Dona Regina）承繼了兩種瀕臨沒落的制度：貴族與慈善。她向付費的客戶敞開大門，用這筆錢來讓老人之家現代化，因為巨額財產用光時，捐款也跟著枯竭了。家庭傳統將延續下去，她的女兒與孫子會確保一切傳承下去。

這裡四面環繞著聖人與貴族，每座噴泉或花圃都被命名，而且是那種落落長的名字。置身這奇特的環境，你會領悟老年的少數優勢之一，便是擺脫了人際關係的腫瘤：虛偽。即使這裡的住民常常踩到年邁而疲憊的大腦所製造的陷阱，他們仍然表現出敏銳的客觀思考。「我不喜歡被稱為老人，我只是普通老！」百歲老人瑪麗雅．普拉多說，她的嘴巴已經沒有牙齒，也吐不出譏諷的話語了。「你見過漂亮的老太太嗎？她可能會傷心、認命、快樂。快樂——我不覺得有這種東西。有些人認命，有些不太認命，但都很漂亮，不是孤家寡人。」

他們已經到了一個年齡，所有的虛偽都跟附錄一樣可有可無，或許這就是為什麼它如此方便，以致於他們一直被關在裡面。每個月月底，老人之家都會舉辦派對，替當月壽星慶祝生日。這項活動是由里約熱內盧的社交名流贊助，他們當這是慈善活動。幾年前，老人之家還會邀請名人來表演，但最終停止了。其中一名受害者是球王比利（Pelé）。五十四歲的暴發戶琪琪．嘎拉法葛莉亞（Kiki Garavaglia）在描述球王當時唱著一首「給老人家的小曲子」時，差點笑死。她說有名老婦人根本不管比利是誰，便對他喊道：「唱首別的吧！這首真的很難聽」。比利在休息之家裡被發現原來他有著埃德遜．阿蘭德斯．多．納西門托（Edson Arantes do Nascimento）[3]的聲音。

每月舉辦的生日派對帶來了無價的情景。社交名流吉塞拉．阿瑪拉奧（Gisela Amaral）總是姍姍來遲——如果她有出席派對的話。因此，當居民得知吉塞拉畫了他們的名字，將接受指派負責贈與他們禮物，他們的情緒立刻低落了起來。六十一歲的吉塞拉，穿著一身四十一歲的行頭，從頭到腳都是芥末黃，後面還跟了兩個小跟班：繃繃（Bombom）與巴那那（Banana）。繃繃是她的司機，巴那那則是她的狗。擴音機傳來：「吉塞拉．阿瑪拉奧，剛從紐約來到這。看看那雙可愛的鞋跟她的打扮多搭啊！」吉塞拉秀了秀自己的鞋，老人們全都張大了嘴。他們為此而活。

性別的交鋒

諾耶米亞活了八十六年，足以證明女性的另一個勝利（儘管尚待確認）：年邁屬

3〔編註〕埃德遜．阿蘭德斯．多．納西門托是球王比利的本名。

於女性。「我們這裡沒有男人。」她說。「每當出現一個男人，大家都會很開心。」在老人之家，男女的比例是三個女人對一個男人。雖然女性的壽命可能比較長，但根據居民的名單來看，她們似乎很孤單，這個比例逐年愈漸失衡。

相較於統計數據，另一件事對晚年之愛的阻礙更大——同樣的原因也在燦爛的人生季節導致浪漫情事受挫。女人很快就了解男人，即使邁進晚年，他們依然事事嚴肅以對，尤其是對自己。要不是男人骨子裡有這種與生俱來的特質，嫩綠的春天或許就會在這個世界的縫隙開花結果。「到了我們這年紀還去約會是很荒謬的事。」奇列米說。「我不喜歡雙下巴，」保羅譏諷地說，「也不喜歡老頑固。」

由於他這個不可能實現的渴望，保羅喜歡透過賽德・查里斯的照片與影片完成他的性幻想，她是佛雷・亞斯坦口中「令人血脈賁張的尤物」，在巴西是家喻戶曉的女明星。她那無人可及的謬斯女神地位，將讓他永遠不會意識到她現實中無法避免的「雙下巴」問題。賽德・查里斯畢竟是血肉之軀，如今都快八十歲了，她那雙夢幻美腿很可能已經布滿靜脈曲張的痕跡。但是保羅的賽德依然二、三十歲，絕對是他的性幻想對象。

雖然步伐不如過去穩定，但女士們的腳仍好好踩在地板上，即使年邁，雙腳依然與年輕時一樣實用。她們對肥皂劇明星嘖嘖讚嘆，但永遠不會忘記環顧周遭，尋找任何可能性。「我戀愛了。我覺得他看到我的時候很緊張。」費梅琳達說，她整個人都融化了，「我夢想著有一天我們會在老人之家的套房裡同居。」費梅琳達每天都會把床弄亂好幾次，然後又鋪得整整齊齊——在那當下，她真正想做的是有人陪她一起弄亂床鋪、一起鋪平床單。

儘管費梅琳達的愛人仍像駝背山（Corcovado）的基督像一樣遙不可及，但她的里約熱內盧永遠維持三十八度。「世上沒有性冷感的女人或冷淡的女人，你知道冷淡的女人是什麼樣子嗎？一個腦子裡沒有愛的女人。」她說。「男人永遠不會死。你只需要一個知道如何讓男人大展雄風的女人。」說這話的瞬間，費梅琳達正揮舞著巨大的扇子。

四個月前，老人之家溫度計顯示氣溫高得離譜之時，法國人侯貝・侯嘎（Robert Regard）出現在門口，儘管年邁，一身的肌肉仍令人望而興嘆。他六十二歲，在平均約八十五歲的老人之家，這個年紀像是個孩子。在跟一位巴西理髮師談了二十四年戀愛之後，他發現自己無家可歸。

侯貝穿過門廊時有點害怕，但他很快就發現沒有什麼比香膏更能撫慰他受損的自尊心了。他一天到晚穿著短褲和背心，待在露臺上。他的二頭肌每跳動一次，就勾得女人的心量頭轉向。最重要的是，每回的胸肌秀還會附帶口音的蠱惑。「女人喜歡我講法語。」他說。

一九六七年，這位老人之家的亞蘭．德倫贏得選美比賽「法國先生」冠軍，在歐洲展開舉重事業。三十七歲那年，他離開妻子和五個孩子前往巴西探險，在當地開了兩家超市，後來破產了，僅經營剩下幾間雜貨店。最終他落得一無所有，只剩下一個巴西女兒，還有他對自己選定的家園無條件的愛。他為自己引起的騷動驕傲，但在這些和他一樣離鄉背井的女士中，他完全不考慮和任何一位發生關係。「她們是我的朋友，我不會勾引任何人。」他解釋，「總是有年輕女孩追著我跑。我把自己當成四、五十歲的人看待，所以我的體重一直保持在一百八十磅左右，平常不吃晚餐，好好運動。我的身體很健康。」

女人總是比較務實，難怪她們的壽命更長。在老人之家如果沒有舞伴，她們就會和自己的閨密、護士、看護一起踩著華爾滋的舞步，滿場飛舞。過去曾有一個世代，女性的世界只侷限於家裡，如今，整體生活方式造就的最新時代，讓她們學會在高牆之間找到縫隙生活。從某個角度來說，她們失去的東西變少了，卻也變多了，因為她們要是從來沒意識到自己失去了什麼，自然就不會因此痛苦。

答案不是男人。他們的世界在外頭，他們是超越一切的主宰，每一步都在控制之中；而如今他們擺出脾氣暴躁的姿態，害怕「丟臉」，拒絕跟自己的雙腳奮戰。他們也不能容忍年邁帶來的限制，他們仍然依賴那些年輕許多的女孩，只不過那些女孩在他們身邊是為了幫忙換尿布，不是因為男性的魅力。那些女士演奏手風琴、彈鋼琴或寫詩的同時，這些男人萎靡不振，在悲風的摧殘下更加催人老。

「我跌倒過，演奏過音樂，唱過歌，重新爬起來，哭過，然後放下。而現在我到了這裡，在那些音樂中醒來。」抒情歌手瑪麗露莎·普李斯塔（Mariluza Prista）說。「活到這個悲慘的年紀，一點好處都沒有，連洗澡都得靠別人幫忙。」曾是牙醫的費南朵·費黑拉（Fernando Ferreira）一語中的。「而且我再也不能抽菸、喝酒了，我只是在等死。每個人都不應該活超過五十歲。」

在陽臺上，諾耶米亞決定只聽自己想聽的話。「幸好我聾了。」她說完，眼睛突然亮了起來。露骨的性愛場面正在附近上演，傳來一陣陣令人臉紅的淫叫聲。這一回，諾耶米亞倒是聽得很清楚。她很體貼地敲了敲隔壁房門，說：「快出來！我們去看貓在屋頂交配。」

墜入愛情的機會

只有貓會在老人之家弄出動靜來。老人們的愛情向來羞澀，他們無時無刻不帶著羞恥心，那早已在骨子裡根深柢固了。阿吉．考逢．布耶諾（Adyr Galvão Bueno）和蓋布里耶拉．斯弗吉奧（Gabriela Svozil）多年來一直偷偷談著戀愛，深怕冒犯了這個小世界，畢竟在這裡，他們得靠慈善過活。這對情侶試圖隱藏自己的戀情，免得讓人看了刺眼——通常人們認為第一道皺紋出現時，就澈底失去了戀愛的機會。他們重複同樣的場景，並肩坐在長椅上，幾乎心懷歉意，沒有勇氣牽手，甚至在親吻之前就扼殺動情的火苗。即使如此，還是有人會對他們指指點點，斥責：「荒謬。」這些人這麼做不是年紀導致的古板，而是因為器量狹小。

只有這對情侶從他們戲劇化的相遇過程中看到美麗之處——她，胃不舒服，倒在早餐桌上；他，瘦到分不清楚身體的哪一側是正面或是側面，用他那骨瘦如柴的手臂抱著她走到窮人區的病床。從此，他們總是在一起，總是靦腆膽怯。她，身為寡婦，話一直不多。他，至今仍在等待未婚妻歸來，雖然對方幾十年前去了比利時就再也沒有回來過。他們不會離開老人之家，因為蓋布里耶拉走個幾步就不行了。阿吉也不會送她花，因為老人之家規定不可以摘折花園裡的花。

他們永遠無法同床共枕，因為負擔不起私人套房。當夜幕降臨，整個老人城鎮的居民都在隔牆提供的安全感中避難，阿吉與蓋布里耶拉才能享受他們戀情中最親密的時刻。他們激奮地上床睡覺，因為害怕被開除，就像寄宿學校的孩子下課時偷玩禁止的遊戲一樣。阿吉從男宿舍的陽臺上揮舞一條毛巾，這樣一來，蓋布里耶拉那雙疲憊的眼睛才能發現他，跟他道別。

在這棟建築的另一張床上，馬諾耶奧．馬提亞斯（Manoel Matias）正在想著瑪麗雅．索寇候（Maria Socorro）。幾年前，他們在老人之家填寫了申請表，清楚載明：「這輩子頭一回，我們要分房而眠。」他們提出一個主張，補充道：「關於幸福人生，我們有自己的版本，我們將永遠在一起，實現屬於我們的幸福人生。」這對夫妻在彼此懷抱中同床共枕六十年之後，在各自的宿舍門口互道再見。他們留下一張快要散架的床，在那張床上，他們共同承受了各種人生痛苦，例如期待孩子誕生未果、始終不曾成真的家族事業、瑪麗雅的雙手在雇主家裡的鍋碗瓢盆中精疲力竭、馬諾耶奧在別人店裡站櫃檯的艱苦。

每天早上，馬諾耶奧與瑪麗雅會再次團聚。他八十六歲，她九十四歲。白天，他們會緊抓著彼此，彌補每晚的空虛。有一天，她突然生病了，花園裡再也看不到她的蹤影。於是，馬諾耶奧就會起身，精心打扮、撒上古龍水，前去探望他的瑪麗雅。她愈來愈沉默，開始跟馬諾耶奧漸行漸遠。儘管如此，他始終不放棄撫摸她。「我不抱怨。我們從來不曾擁有過自己的東西，但我們不爭不吵，一起走過人生。我跟她是一見鍾情。」他說，「而且我什麼事都聽她的。」

馬諾耶奧繼續探訪他的瑪麗雅，到了五月，她決定是時候離開了。「她愈來愈安靜，幾乎一句話都不說。」馬諾耶奧毫無怨言地說。他不管面對什麼事都很務實，唯獨瑪麗雅的死例外。他替她洗澡，撒了一些樹薯粉在她頭上，用梳子幫她梳理頭髮。對他來說，瑪麗雅永遠都像他在寇巴卡巴納初次見到時一樣美麗，當時，他的心彷彿要從胸腔跳出來，不再屬於自己。馬諾耶奧每次去圖書館都會在旁邊替她占一個位置，那是專屬瑪麗雅的。也許，馬諾耶奧賭她會振作起來，過來找他。

久阿欽．西斯奈洛司．威亞那（Joaquim Cysneiros Vianna）每天都會去吻一下奧雷亞（Aurea）。每天，奧雷亞都會發現久阿欽很久以前就離開了。他們倆都是律師，久阿欽，才能卓越；奧雷亞，在那個女性剛開始品嘗自由滋味的年代，她獨立自主。他們的生活充滿抗議集會、歐洲旅行，每天一起閱讀、無所不聊成為日常儀式。七年前，久阿欽開始神智飄忽，那個跟奧雷亞攜手共度人生的男人被阿茲海默症綁架了。

法庭上的明星律師很快就成了一個小男孩，不懂餐桌禮儀，逃離自己的浴缸，逃離老人之家。

「反對！」奧雷亞厭倦了尖叫，而他再也聽不進她的話了。久阿欽先住進老人之家，是他們的女兒把他送進來的。一年前，奧雷亞也住了進來，她的腿因關節病變而行動不便。她拒絕和先生住在同一間公寓。「他困在自己裡面，再也不在這裡了。他根本就不算活著，只是茫然度日。他變了，看著他變成這樣實在很難受。」她說。「他唯一會做的就是吻我和說『是』，我們之間只剩下這句話。」

現在，照顧久阿欽的擔子交到了另一位女士手上了，她是看護士瑪麗雅・裘瑟・費黑拉（Maria José Ferreira），不過四十六歲就已經擔心自己老了怎麼辦。她替久阿欽塗抹護膚乳液，大半是出於情感，而非單純為了工資。她幫久阿欽搭配衣服，確保他能參加老人之家排得滿滿的日常活動，即使人在心不在，這樣他也才不會永遠消失。他的女兒安潔拉（Angela）每天一點打電話來，強迫他說話，即使只聽到一連串的「嗯嗯」。

在這裡，訪客來訪次數遠少於住民對訪客的期待，只有安潔拉是罕見的異數。安潔拉從事教職，是育有兩子的單親媽媽，孩子都已長大成人。她通常一週造訪老人之家兩次，每回出現，她從家中廚房帶來的美味佳餚就讓老人之家歡聲雷動、雀躍不已。她的父母開始跌倒時，就被她領著搬進來了。當時她面對的挑戰如此之多、如此艱難，因而只得辭去大學的工作。「那時候，我不得不把爸爸送來這裡，這件事在我心裡留下極大的心結，我一直有罪惡感。後來我才明白，這件事根本無法避免。」她說，「然後，媽媽住進來了。我們再也沒辦法共用同一個空間。她一向獨立自主，而且非常專制。她失去了自己的家、自己的丈夫、自己的生活，當時她差點把我搞瘋。她的醫生說，如果我不早做決定，離世的那個人就會是我。」

奧雷亞放棄「渴望」這個動詞，藉此讓自己活下去。「我想要和女兒住在一起，但人的意願與人走的路之間有著很大的差距。」她說，「為了避免失望，我盡量讓自己不再想要什麼。我在這裡已經學到教訓，我也接受事實了。人活著，就是透過生活學習。」

奧雷亞唯一剩下的就是清醒，儘管那不見得是一種祝福。

階級的掙扎

對有錢人來說，老年可能更痛苦，因為構成老年的主要元素就是「失去」。從飲食到住處，一切的一切都從老人手中溜走，尤其是權力與選擇權。他們無力選擇由誰陪伴、和誰一起共度困境，他們的生活必須仰賴陌生人幫忙，就連洗澡也是如此，這讓他們感到丟臉。窮人來到老人之家門口時，只帶了一個行李箱，裡面雖然沒幾件衣物，但他們隨身具備更強大的自我改造能力。永遠減少到最低限度，他們來的時候本事高強，熟知掌握機會的藝術。他們的傷感總是在胸口就消失殆盡，從不哀嘆出聲。

退休的裁縫侯希．侯德利吉斯（Rossi Rodrigues）發現，就算她接受了這個活著的世界，終將離開陽世前往陰間，而不幸似乎總是帶給她陰影。「主幫助我！」她做了個鬼臉。侯希十七年前來到這裡，因為她沒和兒子一起住，也沒把自己推到媳婦家的角落裡。她把老人之家當成旅館。既然她再也不必擔心那些年輕時折磨她的煩惱（食物與住處），她自然有更多時間到處走訪不該去的地方。

身為巴西布雷卡（Brega）[4]音樂的作曲家，侯希真正喜歡的是修復這個世界。老年時光裡，她正在實現年輕時的夢想，贏得老人之家內外的尊重。她的消息靈通，足夠在他們不可避免的衝突之間提醒有錢人，如果不是窮人，老人之家將失去慈善捐款，

4〔編註〕布雷卡，一種巴西大眾音樂類型，屬於浪漫主義音樂風格，通常比較具誇張性、戲劇性，主題以愛情中的宣言、不忠、妄想為主。

而且再也不能免稅。

每天清晨，侯希會收聽一系列的廣播節目，據此來安排自己的行程。每一回抗議活動都少不了她高舉的旗幟；每一回訴訟都少不了她的親眼調查；每一回爭辯都少不了她表達的意見；每一回演講，她都至少學會一個新詞彙。她加入天主教會的醫療服務志工、監獄志工的行列，還有許許多多組織，她都盡可能加入。在坎德拉里亞（Candelária），侯希抗議大規模謀殺街頭兒童；在聖・潔諾維瓦診所（Santa Genoveva Clinic），她抗議虐待與疏於照顧老人、致老人死亡；在世界社會論壇（Fórum Social Mundial），抗議資本主義的野蠻凶殘。她到過巴西利亞不只一次。

她老愛用自己收藏的T恤讓老人之家驚慌不安，屢試不厭，其中最引人注目的T恤上有「無地農村工人運動」（Movimento dos Trabalhadores Rurais Sem Terra，簡稱MST）的首字母縮寫。她說：「我來這裡是為了活下去，不是為了死去。」侯希對著鏡子察看自己的皺紋，還一一撫摸，確保它們都在該在的地方。「我喜歡自己的皺紋。每一道都代表我的兒子、孫子、我的人生。」任何人看到這位聖・耶及威吉斯（Saint Hedwig）的虔誠信徒望彌撒，雙膝跪地，完全不會懷疑那顆白髮蒼蒼的腦袋在想些什麼，那套老阿嬤的印花洋裝裡，有顆甜美的心認真地跳著。「看，我會告訴你，」而她真的說了，「要不是我那麼虔誠地信仰天主教，我肯定會去巴西利亞用炸彈轟爆總統辦公室。」

她就像胡椒粉一樣溫和地煽動她的「同志」。「我們離開這裡吧！」她喊道。「啊，侯希，我的生活已經按部就班安排好了。在老人之家的房間睡覺，去食堂吃飯，在教堂祈禱，生病時有醫務室可去，最後長眠在卡諸墓地。」天哪！侯希受不了這種生活。她又出去了，揮舞著錢包，她出門參加活動老是遲到。公車司機沒注意到她，過站不停，她罵道：「如果我是個可愛的女孩，你就會停車！年輕人，你沒有母親嗎？你將來不會變老嗎？」她拿出筆記本，記下司機的駕照號碼。

她離開室友森青亞（Santinha）與施巴斯契娥娜（Sebastiana），因為她們一直在聊自己的《玫瑰經》。九十二歲的森青亞什麼都不在乎。早在七十八年前，她就來到老人之家替襯衫上漿，當時她的名字叫都舍莉娜．瑪麗雅．寇黑亞（Dulcelina Maria Corrêa），年方十四，還在玩跳房子。森青亞最後在這裡了此餘生，就在這些牆內，在那位聞名遐邇的子爵陪伴下，環繞在他那各種姿勢的青銅像之下。

她愛上木匠玖耶奧（Joel），當時他正在替老人之家加蓋一些側廳。後來他們在那間貼滿比利時瓷磚的教堂結婚，就在路易九世（俗稱「聖路易」，亦即人們口中的「法國聖王」)的注視下結為連理。在那破舊的屋頂下,她失去了童貞,也失去了兩個孩子。後來,她帶著倖存的第三個孩子瑪麗雅・路易莎(Maria Luiza)來到祭壇,在她丈夫的棺材旁邊祈禱;最後,她變老了。

他們這才意識到一九五七年發生了什麼事。然後,森青亞的身分從員工升級為老人之家的住戶,因為她接受了一切,沉浸在聖潔的人生中。「我不敢相信自己會在這裡變老。」她驚奇地說,一邊餵著一群流浪貓與身上有蝨子的鴿子。除此,沒有任何事會讓她吃驚。

諾耶米亞就不行了,她容易受驚(而且整個人驚慌失措),七個孩子斷定她變得太荒唐、他們應付不來之後,就把她留在老人之家了。他們開了家庭會議,甚至還寫下會議紀錄。「你們的媽媽差點被車撞倒。」不只鄰居打電話來說,就連麵包師傅也提出警告:「她又想跑去買菸。」他知道諾耶米亞以前一天抽三包菸,導致罹患肺氣腫。

為了贏得家人探視與關注,她愈來愈荒謬過分,不惜編造出恐怖事件。就像某天,她聲稱自己瀕臨死亡,告發女傭攻擊她。諾耶米亞就在那裡,整個人橫躺在地上,胸口沾滿番茄醬。有一次,諾耶米亞這個迷人的暴君跑去其中一個女兒家裡小住,結果她女兒得吃醫生開給諾耶米亞的鎮定劑。

「我受不了待在這裡，兩眼空空地發呆。」諾耶米亞抱怨道。沒多久，她就說服了一個善良的靈魂帶她去打電話。她手上拿著清單，一一打電話給七個孩子與幾個孫子，數不清第幾次提醒他們收拾好她的包包。

被偷走的青春

對諾耶米亞來說，老人之家等於死亡，但對另一類女性來說，老人之家不僅充滿生命力，對她們卑微的存在來說，老人之家也是她們遇過最慷慨的事。她們從自身青春偷來的每一天，都夢想著老人之家。她們渴望未來有一天自己的雙手再也做不動了，沒法清洗、熨燙、烹煮或刷洗，縱使失去一切，仍有老人之家的四壁收容她們疲憊的嘆息。這些女性所屬的時代，人生是悲傷的，那時，年華老去成了一種祝福，因為即使人們想剝削她們，她們也做不動了。一切都被吸乾了，她們的身體再也榨不出利用價值，終於獲得解放，得以死去。

勞倫提娜・弗蘭西絲卡・德・耶穌（Laurentina Francisca de Jesus）便來自這些社會底層。她這樣的女人彷彿一縷青煙般無足輕重，皮膚長期乾燥憔悴，就像巴伊亞（Bahia）乾旱的荒蕪之地。她從那裡大喊：「我的計畫是仁慈的上帝賜予我的。它可以追溯到這裡，在這間老人之家裡，在這個會讓我快樂的地方。」她說，然後開始以充滿詩意的散文敘述自己的故事。那種詩意似乎是東北人與生俱來的天賦，彷彿他們靈魂裡的溫柔可以抵銷大地的嚴酷。

「我在阿馬哥沙（Amargosa）出生，那個小鎮原本叫『善導聖母』（Nossa Senhora do Bom Conselho），後來改名了，我始終不知道為什麼改名。我無父無母，像男人一樣在田裡工作。某天，他們帶我離開小鎮，去了里約熱內盧；我繼續工作，依然一分錢也沒賺到。我離開那裡，去另一間房子工作，他們還是沒付我錢。我甚至萌生負面的念頭，想著不如自殺算了，但後來我祈求：『我的聖母啊，帶著祢懷裡的聖子，幫幫我吧！賜給我一個家，生時可以休息，死後可以安息。』然後，上帝就給了我這間老人之家。從此，我就過著幸福的日子。」

這就是勞倫提娜，簡單明瞭。自她從自己的牢籠裡解脫，化為小鳥自由翱翔之後，她就不曾錯過任何事。在老人之家，每一回外出旅遊、派對或計畫都少不了勞倫提娜的身影。邁入老年後，她便開始探索一切，從安詳寧靜到沙灘上的沙子都是她探索的目標。八十四歲那年，她沒有登上糖麵包山（Sugarloaf）的唯一原因是，抵達當地時她沒有勇氣跳上纜車。她的人生已經得到這麼多了，她覺得跳山太膽大妄為了。

他們幾乎拿走了她的所有東西，就連頭髮都不放過，被雇用她的女主人剪下來做成假髮（那可是她全身上下唯一的飾品啊！）。勞倫提娜這輩子從未投過票，因為她連字都不認識，也沒有人願意告訴她其實蓋手印就可以了。她從未領會男人帶來的痛苦或甜蜜，因為她對出現在她人生路上的三個窩囊廢回答都一樣：「沒興趣，就算是甜言蜜語也沒興趣。」勞倫提娜唯一留下的東西是聽天由命的智慧，這讓她的命運保持生機盎然。

像勞倫提娜這樣的女人，會把她們生命中最初拿到的玩具安放在床上。這些娃娃蘊含嘲諷的意味，它們來得太遲，錯過了童年，直至人生盡頭才出現。它們被當成替代品，代替這些女人不曾孕育的孩子，因為她們一直忙著照顧別人的孩子。「我照顧老闆的孩子與孫子長大。我到他們家的時候，老闆的兒子還很小，而我離開時，他已經結婚了。我很想念他，希望他會來探望我。」阿瑪麗雅・貝納吉娜・勾美斯（Amália Bernardina Gomes）說，「我把賺到的每一分錢都交給老闆，請他幫我存起來。等存到一大筆錢之後，他就把我塞進車子，將我留在這裡。我的夢想是去住養老院。我沒有任何親人朋友，甚至沒人來探望我。我唯一的家人就是上帝。」

同樣來自巴西東北的阿瑪麗雅，每天都把時間花在照顧德妮希（Denise）上，那是別人給她的娃娃，已經洗到褪色了。「嗨，寶貝，媽咪在這裡！」阿瑪麗雅跟她打招呼，全然的奉獻與無私，這個女娃娃生來就聾啞，不會抱怨。「感謝上帝，我沒什麼話好說的，我的人生真的很美好。我本就為死而生。」

沒那麼順從的人是瑪麗雅・德・羅爾吉絲・席爾瓦（Maria de Lourdes Silva），沒有人認識她的這個名字，因為大家都叫她洗衣婦小羅爾吉絲（Lourdinha Lavadeira）。她生來就注定要在石頭上捶洗衣物，肥皂滲入她的肌膚，成為她生命中唯一的香水。四歲那年，她被帶離媽媽身邊，去陪伴一位貴婦的女兒。然後，她依循這個命運的軌跡，在米納斯（Minas）照顧裘瑟・奧古斯托（José Augusto）與裘瑟・弗拉菲歐（José Flávio），在里約熱內盧帶大娥娜（Ana）與阿雷森德利（Alexandre）。有一天，羅爾吉絲生病了，唯一留給她的東西只剩下老人之家。

當時沒有任何選擇，羅爾吉絲就住在她現在待的地方。六十二歲那年，她發現可以透過洗衣服來賺點外快，那些比她有錢的女人喜歡看她用手捶洗衣物，她手掌上的生命線受到日復一日的河水侵蝕，已經漸漸變淺了。「我洗衣服，賺點小錢，拿去買水果、糖果，還有任何特別的小東西，只要我想吃就可以買。」

她始終孤單一人，至於原因，用她的話說，因為她是真正的完美主義者。羅爾吉絲的室友們把衣物晾在床上方，手上拿著滴水的內衣褲就走出浴室，還會打架，這些都讓羅爾吉絲火大。羅爾吉絲正是在這樣一群人的混亂生活中活到最後，而她始終安於一切。「你知道的，我已經找到方法：我把衣服拉開來，搖一搖，把袖子甩出來，用我的手指滑過衣料，撫平皺褶。」她自豪地說道，比著手勢述說故事，抬頭挺胸，至少面對她襯衫上的皺褶、每件罩衫上的摺痕，在她掌握自身命運的唯一時刻，她都是主宰一切的女主人。即使沒有人注意到，羅爾吉絲仍確信，世上任何衣服都比不上她洗過的，而那對她來說似乎已經足夠了。

塑膠娃娃希欽雅（Chiquinha）在嬰兒車裡等著她，那是她的女兒與唯一的陪伴。「她還會對我笑呢！」羅爾吉絲溺愛地說，「我的小小女孩，她照顧著我。」

浩劫之後

外面的世界沉睡之前，老人之家就已經籠上夜色。五點鐘，湯送上餐桌，代表宵禁時間到了。寂靜降臨，儘管外頭太陽依然高照屋頂，遙遠的街道依然嘈雜不休。鐵門搖搖晃晃地關起來，老人之家的住民們拖著緩慢的步伐，回到自己的房間，編織他們寂寞的床罩。他們躺在床上假裝睡覺，這樣他們所剩無幾的時間就會消逝得快一些。

他們勇敢面對因年華老去的恐懼而帶來的失眠。

黑暗中，羅爾吉絲坐在搖椅上，她在等待，鮮少人留意到她。她給自己分派了一項工作：點亮花園裡的燈。清晨五點鐘，她將會來到同一個地方，只不過，這一回她要把燈關掉。她的剪影在那些聖人與子爵的雕像之間穿梭，她的任務是把一個時代和另一個時代串連在一起。她是那個確保老人之家獨立存續性的人，不論誰死亡都不會影響老人之家的存在。

「不要害怕。」諾耶米亞寬慰道，「護士晚上會一直進來我們的房間，但她們只是想確認我們沒事而已。」她關上自己的房門，再次抱怨她不再擁有大門的鑰匙、生活也不在自己的掌握中，她滿心不信任，沉默地檢查自己的錢是不是還安全地藏在床墊下。唯有此刻，諾耶米亞才能安心入睡。但她沒有意識到那些是假鈔，是從孫子的棋盤遊戲借來的。

老人之家的住民在自己的房間受到保護，他們愚弄了每個人。他們反抗。保羅躺在自己的床上，他的拐杖靠著扶手椅，他大笑，笑到流淚。他的笑聲蓋過了隔壁女士的痛苦，她無時無刻不在嗚咽呻吟。他回憶年輕時遇到的所有麻煩，然後淚流滿面，在一個又一個夢之間穿梭。他飛翔時，通常會緊抓夢的翅膀，如果夠幸運，他會夢到

「一些春夢，對象是吉塞莉醫生（Gisele）、娥娜・露西亞醫生（Ana Lúcia）、我的物理治療師索萊亞（Soraia）……」如果他特別有靈感，就會用一記旋踢把佛雷德・阿斯泰爾踢下舞台，背叛他人生中所有女人，與賽德・查里斯貼著臉頰跳舞。

瑪麗雅・普拉多只能借助藥物入眠。每一天，她都準備好在另一個世界醒來，全然地安眠。「一百零一歲的時候，我領悟到自己沒什麼好誇耀的，也沒什麼好丟臉的。」什麼都沒有。她睜開眼睛，自己依然在這裡，置身於同樣的牆壁之間，門口照樣擺著報紙。她了無生趣地質問：「奧薩瑪・賓・拉登幹什麼去了？至少讓我在世界毀滅之前死去。」

在另一翼廂房，維森吉・阿莫林每晚都得先察看股市交易情況才肯閉上眼睛睡覺。「我的錢已經不歸自己管了，但我沒等到最新的股票報告就睡不著。」他說，連自己也很驚訝。然後，他會做惡夢。「我在河裡游泳，卻一直游不到岸邊。我試著抓住什麼，但我抓不到，接著就醒了。剛醒來那幾秒鐘，一切彷彿都是真實的。我得深呼吸，用力看著牆壁，然後心想：嗯，我還活著。在那一瞬間，活著真好。」

奇列米對生命充滿感激，只因為生命給了他時間去悔改自己所有的罪孽。他哀嘆肉體對他的誘惑如此之大，而他總是屈服於誘惑。「肉體啊，肉體。今日之歡愉，明日一文不值。我只希望上帝帶我離開時能夠溫柔一點。」當奇列米鞭笞自己的靈魂，讓費梅琳達輾轉反側的原因卻正好相反，她因為不能犯罪而絕望，全身長滿了疹子。由於渴望愛撫，過敏反應覆蓋了她的全身。

侯莎．貝拉一直在大廳觀望。走道那一頭，有個老婦人被綁在床上，時而低歌，時而呻吟。「你留意到她在做什麼嗎？」侯莎焦慮地問道。「她在譜寫自己的旋律，為自己唱搖籃曲。我在自己的房間聽到她的聲音，那幾乎讓我抓狂。」侯莎起身，朝荒涼而空洞的走廊伸出雙手。她歌唱時，雙眼熱力四射，聲音像火焰般焦炙。她用一首老情歌，蓋住另一個女人的痛苦呻吟。然後，她沉入自己的房間，與太陽一同升起。「對你來說，這是嶄新的一天，你得接受它、喜歡它！」她用英語說。接著侯莎突然把家具換了個位置。

諾耶米亞對老人之家的一切置之不理，著手準備踏上回家之路。現在她贏了，有個女兒拯救了她。她穿過鐵門，她的一生就這麼塞進隨身行李袋裡。

11 剩餘靈魂的收藏者 The Collector of Leftover Souls

在愉港，巴熱（Bagé）原本會是一條普通的街，跟彼得羅波利斯（Petrópolis）社區裡任何一條街道沒什麼兩樣。若不是八十一號那間房子，巴熱就會是平凡無奇的街道。如今，它是巴熱宇宙秩序中的一小片混沌，一個位於一排方塊屋中間的三角形。面對這個用完即丟、無情的消費社會，它就像是最原始的抗議。巴熱街八十一號是一個矮小男子的老巢，他的身高甚至不及五英尺[1]，整個人就跟一聲嘆息一樣虛弱無力，他的名字叫做歐斯卡・庫冷坎普（Oscar Kulemkamp）。整座城市零碎的點點滴滴就散落在那間房子裡。

沒人知道歐斯卡・庫冷坎普什麼時候展開抵抗的。日復一日，他在愉港的街頭巷尾朝聖。起初，他搶救斷了腳的凳子，幫它們把椅腳釘回去。最後，他接下了任務，

1〔編註〕約一百五十二公分。

負責蒐集這座城市的零碎雜物。他竭盡所能，從這個垃圾桶到那個垃圾桶，撿回了大木塊和管子、壞掉的電扇、破掉的花瓶、被遺棄的玩具。這是艱鉅的任務，因為他必須孤軍奮戰，獨力對抗一支一百三十萬人的軍隊——他們每天都會丟出自己生命中多餘的廢物。

歐斯卡·庫冷坎普回收那些被拋棄的人生，把它們從被遺忘的垃圾掩埋場拯救出來。他就是這麼把一間簡陋的屋子變成窩的，而且還在裡面撫養了七個孩子。那些人類生活造成的廢物漸漸占據了他家中的房間，當東西從家裡滿溢出來，他開始占據前院、走廊、後院，直到每個空間都塞滿了，他便開始把東西掛在苦楝與酪梨樹的枝幹上。樹枝掛滿了，就輪到了人行道。歐斯卡·庫冷坎普做的這個繭不會停止生長。如今每扇窗戶都被這些垃圾蓋住了，他得在塞滿垃圾的通道彎來拐去才能穿過整間房子。

如果不重整自己的世界，那麼他擁有的不過是已逝的人生，就像四年前他的太太那樣，還有一個因癌症離世的女兒。在這八十五年的人生裡，大多時候的他是名服務生，但他服務的餐桌早已不復存在。它們是來自過去的名字，是稀薄的空氣，就像歐拉扎吉餐廳（Restaurante Sherazade）一樣。故事不再傳述，街道今已消失，只剩下長眠在墓地的人們。

他像隻小鼴鼠一般，從他那時停駐的隧道裡鑽出來，穿著廉價磨破的舊衣，日復一日的灰塵讓他渾身髒兮兮的。正如他的形容，他比門釘還聾。如果他之前不曾拯救別人存在的遺跡，那麼和他一起住在自己洞穴裡的，就只會是兩個兒子而已，其中一個活在黑暗中，從未離開家門；另一個則不時威脅要殺死他。其他四個已婚的孩子，始終無法理解他的執迷。此外，還有兩隻貓，牠們永無止盡地戰鬥，捕殺那些偷偷潛進巴熱街這個老年人居住之地的鼠族。

歐斯卡·庫冷坎普縫補著自己的拼布，只不過他的素材來自他人的生活，來自別人生活的垃圾。那些不是要寄給他的賀卡上寫著：「我衷心祈禱能與你共度耶誕節。」那些從不屬於他的家電，使用手冊上寫著：「請注意：這台電視機具有許多創新功能。為了了解所有功能、好好享受，您必須先閱讀說明書。」他未曾訂購的包裹上寫著：「透過支票支付的服務，只有在付清支票款項之後才能交付。」陌生人的身分證，還有名片，上面的職業跟他八竿子打不著。雜誌內頁、傳單、禱告卡。王室的照片、雪景畫，甚至還有一張紙，上面寫著：「我很快樂！」樹上掛著好幾顆耶誕燈泡，但在他的十二月裡不曾點亮。

歐斯卡·庫冷坎普的藏身之處，一顆顆消氣的氣球裝飾著他的日常生活，而那些氣球來自他不認識的小孩生日派對。有個小孩用冰棒棍做了個裝飾品送給媽媽，之後被丟棄了，而此刻正安置在客廳的櫥櫃裡。身體歪扭、破爛不堪的玩具娃娃排排坐著。一張張遭到拋棄的微笑小女孩照片掛在那裡，彷彿備受寵愛的孫女。

這個持續擴張的繭，這些陰影幢幢（一半是樹，一半是垃圾）逐漸延伸到街上，種種景象嚇到了鄰居。住在附近的一位女士要求衛生局對此採取行動，因此他們帶走了歐斯卡・庫冷坎普收藏的部分寶藏。他被逼到落入絕望的境地，以致沒人有勇氣去抗議。一位富有同情心的鄰居現在總是隨身帶著一根軟管，一旦起火，至少可以救出那個深陷在自己洞穴中的男人。於是，歐斯卡・庫冷坎普重返了他那永無止盡的旅程，繼續拯救這座城市的零碎雜物。

今天，他從裡頭走出來時面露著懷疑與微笑，歐斯卡・庫冷坎普匆匆解釋，某天，就在不久的未來，他將帶走這一切，建造一座海濱別墅。那裡將是天堂，破舊的娃娃、不再受到珍愛的孩子相片、過完生日的賀卡，全都不再成為垃圾。在那個世界裡，不管是東西還是人，都不再是拋棄式的一次性用品。在那裡，任何東西、任何人，就算老了、舊了、壞了或歪了，也絕不會因過時而被拋棄。在那個世界，每個人都擁有同樣的價值，沒有人的命運會淪落至垃圾桶。

巴熱街八十一號是一個男人的城堡，他創造了一個沒有垃圾的世界。歐斯卡．庫冷坎普為那些一文不值的物品賦予價值，藉此，他肯定了自己的價值。透過收藏那些遭到拋棄的人生，歐斯卡．庫冷坎普拯救了自己的人生。或許，這就是八十一號房子的祕密。也或許，這正是八十一號如此可怕的原因。

12 死亡世代的母親們 Living Mothers of a Dead Generation

我的第三個孩子去世時，我覺得自己也將跟著死去，所以我準備好了一件白色塑膠壽衣。然而，後來死去的是我的女兒，我給她穿上了我的壽衣。

莎爾維納·弗蘭西絲卡·達·席爾瓦（Selvina Francisca da Silva）失去了四個孩子，第五個下落不明。

她活了下來。

知道自己的兒子最終難逃被殺害的命運，這讓我難以忍受。所以我決定放火把我們倆都燒了。

那天沒有人賣酒精給瑪麗雅·法琪瑪·達·席爾瓦·索爾沙（Maria Fátima da Silva Souza）。正如她所擔心的，她的兒子幾年後遭到殺害。

她活了下來。

在我的兒子胸口中了一槍，人還活著出現在家門口時，我便著手準備他的棺材。現在我正分期付款準備二兒子的棺材，雖然他還活著，但我知道他也快死了。

耶妮塔・荷德里格斯・達・席爾瓦（Enilda Rodrigues da Silva）的大兒子在耶誕節前被殺害。

她活了下來。

我兒子腹部中了一槍，子彈直接射穿他。警察說我們唯一的麻煩就是要埋了他。

裘瑟法・伊納西奧・法莉雅絲（Josefa Inacio Farias）的兒子被塞進塑膠袋，然後從樓梯上丟了下來。

她活了下來。

我的第三個兒子在毒窟被子彈擊中胸部而死，當時他二十二歲。我早已失去了另外兩個孩子。我感覺腦子裡面有個鼓，日日夜夜都能聽到它敲打的聲音。

伊法・賽巴斯堤娥娜・阿拉烏究（Eva Sebastiana Araújo）失去了三個孩子。

她活了下來。

我沒參加任何一個孩子的葬禮。如果可以，我會把自己埋了。

格拉莎・瑪麗・阿澤維多・卡內羅（Graça Mary Azevedo Carneiro）有三個孩子被殺害。

她活了下來。

我的第一個孩子死時還非常小，大概才這麼大而已。他被刺了七十八刀，當時他才十三歲。

艾蕾娜・席爾瓦・克魯茲（Helena Silva Cruz）失去了兩個兒子。第三個變成了殺手，為他的哥哥們報仇。

她活了下來。

我的兒子因為血流過多而不停大聲叫喊著，警察聽到他的聲音後破門而入，然後他就死了。而那些毒販支付了葬禮的費用。

弗蘭西絲卡・瑪麗雅・達・席爾瓦・波比里歐（Francisca Maria da Silva Porfirio）的兒子在被殺害前，做了一年的毒販。

她活了下來。

槍聲將一代巴西人從未來抹去。巴西說唱歌手MV．比爾（MV Bill）及製作人塞爾索．阿達宜德（Celso Athayde，同時也是貧民窟中央聯盟〔CUFA〕創辦人）在紀錄片《老鷹》（Falcão）中，描繪了這場滅絕。這部紀錄片震驚全巴西，不是因為它的新聞價值，而是其中的殘酷場景。紀錄片中描述的十七名少年，僅有一人還活著。《老鷹》呈現出在巴西的貧民窟（不僅僅是在里約），從事販毒的男孩平均壽命是二十歲，往往在成年前就被殺害。莎爾維納、瑪麗雅、耶妮塔、裘瑟法、伊法、格拉莎、艾蕾娜與弗蘭西絲卡，她們幾位生活在城市邊緣，猶如《聖殤》中抱著耶穌屍體悲哀傷痛的聖母瑪麗雅，她們是這群死亡世代的母親。

由社會學家朱里奧．賈柯伯．瓦塞爾菲斯（Julio Jacobo Waiselfisz）主導的一項聯合國教科文組織研究發現，槍枝是巴西年輕人死亡的主要原因。從一九七九年到二〇〇三年的二十四年間，巴西人口增長了五十二％，與此同時，持槍殺人的案件增長了五百四十三％。其中又以青少年的死亡案件居多，在五十五萬的死亡人數中，幾乎有一半介於十五到二十四歲之間。死於此項暴力之下的人數，甚至比波灣戰爭、以巴衝突還多。

關於這場巴西的毒品戰爭，接下來就透過在這場戰爭喪失孩子的母親之眼與聲音來述說。這些婦女的子宮孕育著這個毒品國家的士兵（從來都不是將軍）。她們的孩子被槍枝、刀械和手榴彈擊倒，而這些並不是什麼特別的遭遇，卻是他們的日常。當她們剛埋葬完一個孩子，轉身卻發現另外一個已經排隊在等著了，這讓她們離瘋狂又更近了一步。

這樣的死亡不僅有年齡差別，還有膚色與社會階層。在一項關於巴西種族與凶殺受害者的研究中，里約熱內盧州立大學（UERJ）的研究人員伊格納西奧．科諾（Ignacio Cano）、多利恩．博爾吉斯（Doriam Borges），以及艾多阿多．西貝羅（Eduardo Ribeiro）發現，混血人種（pardos）被謀殺的機率幾乎是兩倍，而黑人則接近三倍。在收入較低、公共服務較不足的地方，謀殺率更高。

毒品走私是世界上最賺錢的三個行業之一，但這些母親沒有拿到這些錢，她們的孩子也沒有。大多數這些孩子在小學畢業前就開始使用槍枝，他們甚至都還沒有時間去瞭解哥倫比亞在哪裡。在警察與毒販幫派的威脅下，他們被困在貧民窟的骯髒後巷，那裡是他們唯一將要認識的世界，一個沒有出路以及隨時等待著下一聲槍響的地方。

用人權組織「全球正義」（Global Justice）研究員，歷史學家馬塞洛・弗雷修（Marcelo Freixo）的話來說，這是「貧困的孩子向更貧困的孩子開槍」。

這是關於他們母親的故事。

殘缺的母親

沒有語言能形容比自己孩子活得還久的人，這是一種無法用言語表達的痛苦。七十四歲的莎爾維納在躺著七個人的無窗房間裡呼吸著，空氣引發了咳嗽與一陣又一陣的噁心，莎爾維納的肺得去適應這種根本不可能適應的環境，才有辦法呼吸。在莎爾維納如此執著的一生中，她先是失去了指甲，然後又因為燒傷、其他事故與疾病失去了手指和腳趾，只剩下如樹樁般的身體還能繼續抵抗著。莎爾維納盯著自己殘缺的四肢說：「我希望生活沒有讓我變得殘廢。我結束了，一切都消失了。」

這些母親的言語裡並沒有所謂的誇張，她們用詞準確、句子精練。莎爾維納生了十二個孩子，其中有四個被槍殺，她不確定會不會有第五個，因為他失蹤了。另外有五個孩子死於疾病，剩下兩個還活著。在數著這些失去的孩子時，她並沒有想念那些死於痲疹或「頹敗」的小孩。不斷折磨著她、讓她痛苦的，是那些「被殺害」的兒女。

莎爾維納說那是不能被遺忘的死亡。

「我是在一九五九年七月二十五日來到巴西利亞的，當時的總統是裘塞利諾・庫比切克（Juscelino Kubitschek）。我來自皮奧伊州（Piauí），過去曾在不同的礦區工作。後來我在里約的寇巴卡巴納賣了顆鑽石後，就去了巴西利亞繼續討生活，我叫莎爾維納・弗蘭西絲卡・達・席爾瓦。」

莎爾維納是在巴西利亞成為新的聯邦首都之前抵達的，但卻始終沒有在那裡找到屬於自己的位置。她與奧斯卡・尼邁耶（Oscar Niemeyer）[1]的建築有過接觸，但僅僅只是作為一名女傭。她踏進這座以規劃建成的城市中心只是為了工作，她流轉在非法占據的空屋裡很長一段時間，直到在衛星城市賽倫迪雅（Ceilândia）才找到落腳之處。在那裡，她是一名信仰治療師，替沒有健康保障的居民們祈禱，藉此換取生存。她設法將四個被謀殺的孩子中的三個埋在巴西利亞的公墓，與埋葬前總統裘塞利諾是同一個地方。她只能把最後一個孩子埋在賽倫迪雅，「我是巴西人，我要把自己的女兒埋在巴西的土地上，即使我必須在墓園外挖掘她的墳墓。」因為負擔不起墓園開出的價

1〔編註〕奧斯卡・尼邁耶是二十世紀的巴西建築家，有「建築界畢卡索」之稱。

格，她為此與負責人爭執了起來。

莎爾維納被大孫女給打斷，她的母親在一場毒販的槍戰中被殺。她現在十七歲，懷著身孕。「外婆，我的羊水破了，我得去醫院。我血流不止。」

女孩捧著自己的大肚子呻吟了起來，肚子裡孩子的父親因持槍搶劫正在監獄服刑。那天早上完全沒有東西可以吃，莎爾維納對孫女的絕望反應強硬，「冷靜點孩子。我現在沒錢，你得再等等。」她向天空舉起殘缺的雙手說道：「我的指揮官告訴我不要害怕任何人。」

子宮裡的刀

伊法醒來時發現丈夫正用刀刺穿她的身體。他把刀插進她的陰道，試圖刺往她的子宮。「你是一條蛇。你把孩子們帶到這個世界上，然後殺害他們。」他叫喊道。伊法露出她生命地圖裡因痛苦而生出的地理位置——香菸的燒傷、刺傷、被毆打的傷痕。

當另外兩個兒子也被殺害後，丈夫更加堅信那是她的原罪。「現在最後一個也死了，我想看看還有誰會來保護你」他威脅道。她懷上第一個孩子時，他踢她的肚子，用鋼棍打她、割她的腿，還重重踩著她的腳，直到腳上的皮膚裂開。兒子十三歲時，常在腰間塞著兩把槍，四處閒晃，他說「爸爸，我很愛你，但如果你再碰媽媽，我會殺了你。」丈夫便沒再碰她。「有時我想這就是他們死了的原因，這樣他們就不會殺害自己的父親，錯過上帝的救贖。」來自聖保羅市北邊布拉西棱加的伊法說道，「但他是個好父親。他從來不打他們，他只有打我。」

有個鼓在伊法的腦袋裡日夜不停敲打著。「我每天仰望天空，不敢相信自己是在這裡，而不是在精神病院，真不敢相信。不敢相信，不敢相信，不敢相信。」她說。伊法會把句子的最後片段重複至少三遍，就好像她必須重複自己的話語才能確定。她說自己什麼都忘了，「在我失去了自己的孩子們之後，頭腦變得非常糟糕，我什麼都不記得了。都不記得，都不記得，都不記得」她重複著。「我祈求上帝抹去我的記憶。」然而她卻記得每件事、每個細節。五十五歲的伊法失去的不是記憶，而是牙齒。自從她第三個兒子死後，它們就一顆一顆的萎縮，脫落。「是的。我失去了一切。全都死了。都死了，都死了，都死了。」

伊法開始敘述她的死亡故事時，她說：「我開始變得冷漠，也不再哭了。我完全沒有任何感覺了。沒感覺，沒感覺，沒感覺。」然後她開始哭，一直哭到最後。她在淚水中講述自己的人生故事。希臘神話中，尼俄伯的七個兒子與七個女兒被殺害後，她十分悲傷，宙斯因為同情將她化為一座會噴水的石頭。這就是古人用來表示無名之痛的方式，而那些被謀殺喪命孩子的母親，都是會哭泣的岩石。

水龍頭裡的血

一座黑暗的螺旋梯把你帶往格拉莎（Graça）居住的地方，那是里約北邊一棟被非法居住者占據的大樓頂層。八個人擠在一間帶有小廚房的兩房公寓裡頭，外牆布滿了彈孔。在屋裡格拉莎突然聽到了像是鞭炮的爆炸聲響，她和孫子們馬上趴到地上。他們以為那是槍聲。

年幼的孩子們早就沒了父親。她失去了三個兒子，最近一個幾個月前剛過世。這五歲的孩子睡著時，眼睛是半睜開的，然後在床上發著抖。醒來後他一臉茫然，雙眼放空。他就像是個提前失效的求救信號，一個毫無希望的求救信號。

警方被指控殺害了大樓裡三個從事毒品交易的男孩。他們被裝在黑色塑膠袋裡，然後警察沿著螺旋梯一路將他們往下踢，其中一個還掉進了供應大樓用水的蓄水池裡。有一段時間，住戶們打開水龍頭流出來的都是血水。

格拉莎記得是早上八點槍火開始在牆上炸出洞來的。鄰居的一個小孩，從窗戶往外偷看還差點被擊中。子彈穿透了混凝土。「警察闖進公寓時，我們都已經趴在地板上了。其中一名警察拿槍指著我丈夫的頭，說是要殺了他，因為他的聲音很煩人。」她解釋道。「我爬到我丈夫身邊，用手捂住他的嘴。我不得不拖著走，因為趴在地板上的孩子們，緊緊抓著我的腿。」

她說自己生活的國家分裂成了兩部分，貧民窟與周圍城市之間並沒有明顯的物理屏障，只有一條被稱為巴西大道（Avenida Brasil）的混亂馬路。你可能認為格拉莎可以簡單地橫跨，但最無法逾越的牆恰恰就是看不見的。「我們負擔不起搬出貧民窟的費用，我們被困在這裡。」她說。「那些住在外面的人並不曉得我們是生活在戰區裡，他們甚至不再認為我們是人類了。我一直都很害怕，我希望自己能藏在地底下，在那裡我才能感到安全。」

格拉莎的牙齒也正在脫落。

門旁的步槍

從螺旋梯上被踢下的其中一名男孩，是裘瑟法的兒子，另外一名是弗蘭西絲卡的兒子，而水龍頭裡流出的血就是他們其中一個人的。弗蘭西絲卡從十歲到四十八歲一直在里約當女傭，但她從來沒有被正式雇用，也從來沒有拿到最低基本薪資。當她因為心臟病發作而不得不停止工作，既沒有領到退休金也沒有獲得慰助金的權利。她的丈夫在垃圾場撿垃圾。她被殺害的兒子從事過街道清潔工、屠夫與果菜市場送貨員，甚至還參加保全員的訓練課程。不過在失業一年多後，他成了毒販，便也就這樣撐了一年。「他每週賺來的七百美元會替我付醫藥費、車票，衣櫃的分期付款，還有瓦斯，幾乎都是他在付的。」弗蘭西絲卡說。「但那不是我希望他做的，我曾經夢想他會成為機械工。最終我還是接受了他的錢，因為我別無選擇。」

弗蘭西絲卡的兒子下班回家，常把他的槍放在門口，像是放了個工具箱那樣。她會告訴兒子：「親愛的，我不想你把那些危險的玩具放在家裡。」然後他就會像個好孩子般的聽話，把它收起來。一般她做午飯的時候，他就會去洗澡。弗蘭西絲卡會幫他洗衣服、縫衣服，照看他休息、睡覺。只有當貧民窟裡槍聲像煙火般那樣砰砰作響，提醒著警察即將到來時，她才會被迫想起她兒子工作的地方不是一家普通公司，甚至還是不合法的。

某天他就再也沒有回家了。「自從他死了之後，我就沒錢可以買藥了，還拖欠了眼鏡的分期付款。一切變得相當艱難。」弗蘭西絲卡講述起自己的兒子是如何死的，她的身體開始感到不舒服。她說是心臟的問題。女兒急忙餵了她一點藥，然後說道：「住在外面的人害怕我們，他們認為來自貧民窟的人都是禽獸。」弗蘭西絲卡喘不過氣來。

在她和裘瑟法居住的貧民窟狹窄小巷裡，有不少年輕男孩正在長大。他們看起來仍然瘦小，臉上也還沒長出鬍子，總是喜歡虛張聲勢卻顯得相當笨拙。他們成天穿著短褲，戴著棒球帽，手裡拿著最新型號的步槍閒晃。許多這些孩子們的母親，往往隔天就要安排他們下葬，而許多這些母親的孩子馬上就又取代了他們。沿著這條只有五十碼長、堆滿垃圾跟淌著髒水的巷子，可以看到整個毒品交易的流程。那些已經死去的孩子們，尚未死去的孩子們，終有一天會拿起槍並死去的孩子們——還有哭泣的母親們，他們所有人都生活在負責支撐起城市的那一邊，同時也是生活在城市中會被「殺害」的那一邊。

當一組新聞採訪小組來到兩個世界之間的無形邊界，他們的車子被警察攔了下來。警察手上拿著AR——一五型的步槍，用它指著從車裡走出來的採訪小組成員。現在他們都成了嫌疑犯，因為他們剛剛都在邊界的另外一邊，貧民窟的那一邊。

為了一塊錢

「哦，我的寶貝，媽媽想夢見你。」四十八歲的前工廠女工瑪麗雅每晚都這樣唸著，但她卻不曾夢見過。她的兒子十二歲就開始從事毒品交易，一開始是擔任「飛機」（avião）這樣的角色，也就是專門負責運送，他藉此換取毒品或金錢。他十六歲時，嚴重成癮到無法再勝任這個任務，因為他擅自拿走了要交易的毒品，就再也得不到他們的信任了。他是在二十五歲時過世的，當時他和一名毒販為了一塊快克（crack）的價格起了爭執。就這樣，為了一塊錢而死。

「我竭盡所能的去救我的兒子。每當他在家裡亂丟東西搞破壞，所有人就會馬上逃開，只有我留下來。有一回他吸毒過量，我獨自一人將他從火車鐵軌上拖下來，然後帶他回到家裡的床上。有時他吸毒吸嗨了，會在其他男孩面前把他的手槍給埋起來，我就會去把它挖出來，然後丟到毒販的院子裡。這樣一來我兒子之後就不會遇上麻煩。」他的母親說。「我平常會準備一些食物和果汁，他餓了時好有東西可以吃。還有他嗑藥拉肚子弄髒的內褲也是我幫他洗的。我會打他的頭，大聲罵他，送他進診所。無計可施的時候，我會在家裡幫他安排一個沒人看得到的地方，讓他吸毒。因為我沒有錢能讓他從監獄裡放出來。」

瑪麗雅把兒子從地上扶了起來，因為沒有人敢冒險去激怒殺手。「我帶他去了醫院，因為我覺得他們可以救他。我哄著他，看著他嚥下最後一口氣。然後我想起捐贈器官一直是他的夢想，但最後只剩下腎臟和角膜還能用，其餘都被火藥給毀了，那是一種會在身體裡面爆炸的子彈。」她說。「如果你失去了父親或母親，雖然很痛，但你會去克服它。如果你失去的是孩子，那麼傷口永遠不會癒合。兒子是我自己的骨肉，是我懷胎九個月生下的。是我把他養大的，但也是我親手埋葬的。」

第二副棺材

這位母親花了將近五年的時間才付清了兒子的棺材費用。當她月復一月的支付著帳單上的金額：七塊美元，那時男孩還活著。這筆費用比她洗、漿、熨一袋衣服所賺的還多。她開始支付男孩的喪葬費用時，男孩只有十五歲。在耶誕節的前兩週她埋葬了男孩，那時他已經二十歲了。隔天她開始為另一個兒子準備棺材。他十九歲了，現在還活著。

這樣的事件聽起來像是個恐怖故事：一個母親為她十幾歲健康的兒子們準備棺材，一個接著一個的等待下葬；然而這是一個母親致力於守護兒子身體的故事。活在這則故事中的主角是個四十四歲身高只有四尺九寸[2]的嬌小女子，住在塞阿拉州（Ceará）首都的福塔萊薩（Fortaleza）郊區。她證明現實生活中能造成一種小說故事裡頭沒有的痛楚。

耶妮塔很確定她的二兒子很快就會死了，就像前一個那樣。「大兒子十二歲時已經用遍了世界上各種毒品。他的父親打他，我也打他，無論我們給他什麼樣的忠告卻一點用也沒有。我從未接受過他，甚至還向警方告發他。他二十歲的時候我把他埋了，他死於一顆打在脖子上的子彈。」她說。「現在我有另一個走上同樣道路的孩子，他成天吸毒吸到整個唇乾嘴裂。給一個還活著的孩子買棺材是件可怕的事，但我的兒子們至少死的時候是有尊嚴的。」

貧民窟裡正動員去迎接新聞採訪小組來到耶妮塔的住處附近。牆貼著牆的一排房子，看起來搖搖欲墜，其中有名鄰居急忙借出一把椅子給記者，那是她家裡最好的一把椅子，而上面有個釘子突了起來。在那些兒子死於毒品走私的母親家中，死亡與生活的痛苦交織成了一個共同的軸線，以此編織出她們的故事。

耶妮塔在布滿鳥籠的天花板下慢慢解開了她故事裡頭的線。有時金絲雀與鶇鳥的叫聲讓人很難聽得清楚她說的話。牆上掛著一幅耶妮塔和丈夫年輕時兩人的肖像，就是那種畫家到門口敲門，然後問你要一張大頭證件照，之後不久他就拿著畫好的肖像作品的那種。耶妮塔丈夫年輕時，很像巴西的知名演員托尼・亨默斯（Tony Ramos）。當她聽到這個描述時笑得很厲害。只要她在笑，她就不會哭。

耶妮塔找到平靜的唯一希望，就是以母親的身分努力地去賦予死去兒子們在人生中未曾有過的尊嚴。如果她不能從自己的這些行為中找到意義，她就永遠無法忍受替兒子們一個接著一個預先支付墓地費用的這種瘋狂行為。此時你腦中會閃過一些簡單的問題。為何她手洗、上漿和熨燙七十多件衣服才只賺十二美元？她的丈夫凌晨三點起床烤麵包烤到晚上，一個月卻只有四十美元？那麼他們無視勞動中的剝削，過著沒有任何尊嚴可言的生活，並決定以誠實來作為反抗的行動，不才算是真正的新聞嗎？

各種犯罪將福塔萊薩郊區劃分成了不同的區塊，住在一邊的人絕不允許到另一邊去。如果男人嘗試要跨越，下場就是被殺害，如果是女人，就是被扔石頭或毆打。最後一個勇於挑戰這條不成文規定的人，當時是為了要拯救朋友的性命，結果他們先是處決了他，然後再往他的臉上撒尿。「我後來不得不放棄自己的學業，因為學校在另

2〔編註〕約一百五十公分。

一邊，但我過不去。」耶妮塔兒子的遺孀說到。「現在他死了，我就回來了。」她在一年的時間裡，每天為她被關在監獄的丈夫送飯。原本懷有身孕的她，在丈夫被殺後沒多久就跟著流產。她只有十七歲，但她的生命卻不是以時間來度量，因此她的雙眼裡竟是一片死寂。「夢想，我沒有夢想這回事。」她說。看著她時真教人難受。

每天下午接近傍晚時分，母親們就會把小孩子趕進屋子裡，一直持續到隔天才會開門讓他們出去。在熱帶地區這種炎熱天氣之下，要把人關在兩個沒有窗戶的房間裡並不容易。耶妮塔家中唯一的臥房裡睡著八個大人和小孩，還有十幾隻鳥。如果按比例來看，鶇鳥還比人享有更多的空間，這是個只會讓人想出但不想進的房間。

在巴西從北到南的城市郊區，讓孩子待在家裡不要上街是種常見的情景，那是一場試著抵抗的行動，然而當他們進入青春期，這樣的行動就完全失去作用了。「我們可以約束他們直到十歲或十一歲，然後就在一夜之間，他們便再也不受控制了。」耶妮塔說。「街上到底有什麼能給他們的？沒有娛樂，什麼都沒有，有的就只是毒品交易。快克正毀掉所有的男孩們。」

對耶妮塔來說，兒子的生活比他的死讓她更加痛苦難受。「我不希望我的兒子以那種可怕的方式死去，但我卻祈求上帝讓他睡著後再也不要醒來。我承受不了看著警察毆打我的兒子。我請求他們別再打了，但他們還是繼續。他早就因為經常性的被踢打而有了疝氣。他二十年的生命裡，待在監獄裡的時間比在外面還長。」她說。

完成所有洗衣工作後，耶妮塔把自己和年幼的孩子們關在屋子裡。她看遍所有頻道上的肥皂劇，從最舊到最新的，只有這樣她才能睡著。她時常在半夜醒來聽到門外有人在喊著：「媽媽！」她會起身去開門。「從來都沒有人。我的丈夫很生氣，因為我打開了門。然後我回到床上後就會一直哭到天亮。」

小孩寡婦與下個世代

她十四歲，是個寡婦。她的孩子是一名叫做艾蕾娜的蔬果店老闆娘的大兒子留下的。女孩懷孕時十三歲，當時在她丈夫的葬禮上已經有著兩個月的身孕。她執意要生下來，因為她想要這個孩子。孩子的父親在監獄裡待了好幾年，是個癮君子同時也是個搶劫犯。儘管如此，女孩還是想要擁有他的孩子。「我有避孕藥、保險套，也有避孕針，但我知道如果懷了他的孩子，他就不會離開我了。有個孩子是他的夢想。」她說。「我以為他會改頭換面，做個好父親。」

這個女孩屬於毒品戰爭下製造出的小孩寡婦世代，她們會懷孕並不是因為不懂得避孕，而是因為那正是她們想要的。亡命之徒般的丈夫能為她們提供更多的保護與支持，一個比住在往往如戰場般的父母家中更好的生活環境。生孩子也是種儀式，能證明她們作為女性在社會中的地位。「我知道和他在一起，對我來說是件好事，我可以和他過著平靜的生活。我媽媽家簡直就是人間地獄」，她說。葬禮結束後，年輕的寡婦不得不回到母親家，繼續悉心照料著她那一出世就沒有父親的兒子。

在聖保羅市的布拉西棱加區裡，伊法站在屋頂的水泥板上，等待著另一個孤兒的到來。「我的孫子有一天可能也不會回來了。他現在才十歲就已經不喜歡上學了，他的父親是被殺害的。」伊法以前也常在貧民窟裡如此站哨般等著她的三個兒子回家。一次、兩次、三次，她徒勞地等待著。當她發現孫子的頭出現在街道的盡頭，她很高興自己又多了一天，但同時她也為著明天空無一人的風景哭泣。

在巴西另一個城市的郊區，由另一個兒子被人殺害的母親所撫養的另一個孫子也在等待著。「我正在長大，我真的又長大一些了。」剛下課回到家的男孩這樣說著。「殺死我爸爸的那個人是個儒夫，他現在十六歲。我想念我爸爸，我想要他回來。」這名男孩七歲了。他長大後並不想成為消防員、醫生或是足球員。他想要長大後去殺死另一個男孩。

13 中土民族 The Middle People

海孟度・諾拿多・達・席爾瓦（Raimundo Nonato da Silva）不知道路易斯・伊納西奧・魯拉・達・席爾瓦（Luiz Inácio Lula da Silva）是誰。在兩個席爾瓦之間，沒有總統的巴西人與巴西總統，有著一個廣闊的世界。在那個世界裡，海孟度生活在一個連巴西自身都不知道的國度裡，那裡大多數的男人都叫海孟度。他隸屬的共和國位於亞馬遜河的心臟位置，是個名字聽起來彷彿取自J. R. R.托爾金筆下奇幻世界的地方：中土世界（Middle Earth）。它是個隱形的國家，因為百分之九十九的居民沒有出生證明或身分證。按照官方說法，所有的海孟度們與海孟妲（Raimunda）們都不存在，但他們人就在那兒，以貧瘠的文字與各種矛盾堅持著自己的存在。他們幾乎都是文盲，或者用他們的話來說就是「瞎子」。他們從來沒有投過票，因為幽靈只在世界末日之前才會成為選民，而他們卻是活在世界末日之後。這些中土民族很可能在他們的官方國家注意到他們之前就會消失，就像他們所居住的雨林一樣，都是瀕臨滅絕的物種。

中土民族是「橡膠士兵」（也被稱作為阿利果斯〔arigós〕）的後代，他們在第二次世界大戰期間被熱圖利奧・瓦爾加斯（Getúlio Vargas）政府從東北拉到叢林深處後，就此定居繁衍後代，最終形成了一個親屬關係錯綜複雜、不到兩百人的單一家族。他們過著如印第安人在接觸所謂的文明之前的生活。作為雨林裡的狩獵者與採集者，雨林餵養什麼他們就吃什麼，而雨林的供給是相當豐足的：冬天有栗堅果，全年還可以狩獵、捕魚，還有油苦配巴樹（copaiba）與安弟羅巴果樹（andiroba）提煉出來的樹油。

如果不是被所謂的「土地掠奪者」（grileiros）發現，他們會繼續在這個不存在貨幣的國度裡生活著。作為亞馬遜的老到之徒，土地掠奪者派出了他們的槍手，帶著武器與殺人執照來到這裡。他們手上揮舞著以各種貪污手段，在公證處及政府機構所取得的偽造地契，宣稱自己是這數千英畝雨林的主人。你幾乎看不出他們是這些掠奪行動的主導者。他們大多數生活在巴西南部、東南部或中西部的大城市，在派出底下的人去進行非法侵略的同時，他們好整以暇的準備去參加某場古典音樂會。

就像是在佩德羅・阿爾瓦雷斯・卡布拉爾（Pedro Álvares Cabral）發現巴西的那個年代一樣，土地掠奪者的代表們起初提供給海孟度們小東西（在這個案例中，是一把的巴西黑奧〔real，巴西貨幣〕）好讓他們離開雨林，接著就露出了手上的獵槍槍管。如今中土民族正被判處死刑。塞西里歐・多・黑勾・奧梅達（Cecílio do Rego Almeida）是一家大型建築公司的老闆，也是巴西為數不多的知名土地掠奪者之一，他正在法庭上爭取一塊超過一千七百萬英畝的土地，這塊土地相當於荷蘭與比利時兩國土地面積的總和。如果他贏了，他將強制所有的中土民族離開自己的土地。

「他們能將我從這裡拖出去的唯一方法，就是用槍指著我的頭。」三十九歲的海孟度・貝爾米羅（Raimundo Belmiro）是九個孩子的父親。貝爾米羅是他們當中的領袖之一，是個安靜的人，有著按照自己性格行事的勇氣，無所畏懼。「有一天，我從雨林裡回來後，發現一群入侵者來到我家。接著又來了一些人，之後他們就再也沒有停止出現過。他們提出要以三千五百美元買下我的地，我拒絕了。後來他們開始從四面八方來到我的地方。他們乘坐小汽艇、全副武裝的從河上經過。他們所擁的是那種可以快速連續發射的槍枝，不像我那把已經用了二十三年的獵槍。他們恐嚇我，他們做到了，我已經被判處死刑了。」

海孟度與他的家人那天早上醒來時沒有任何吃的東西，隨後家中每個成員朝著不同的方向擠進灌木叢尋找食物。不到中午，十三歲的費南多（Fernando）就獵到了一頭超過六百五十磅的貘，十四歲的弗蘭西斯柯（Francisco）還帶回了兩頭野豬。海孟度解釋道：「這就是雨林，有著各種豐富的資源，所以我才會被人盯上。但我要留下來。」

海孟度們的國度

海孟度的故事完全就是西科・門德斯（Chico Mendes）[1]的事件重演，門德斯因為一場未能被阻止的預告殺人事件成了國家英雄，然而海孟度的故事卻藏在雨林的更深處。占地近兩千萬英畝的中土世界，成了保護亞馬遜最後的機會之一，該地區位於帕拉州（Pará），因其地理位置介於欣古河與伊里里河（Iriri）之間而得名。由於被原住居民的領地和國家森林包圍著，使得中土世界有很長一段時間受到保護，直到遭受來自各種不同方式的破壞：政府方面，無數次以掠奪的方式試圖占領雨林，特別是軍政府時期；私人企業方面，則是由偽裝成企業家的掠奪者領導，以生產、加工與銷售農產品這樣好聽的說法為由，加以掠奪破壞。這片「無人之地」被許多人聲稱屬於自己。

一九九〇年代，土地掠奪者透過桃花心木的盜伐，增加其侵占邊境的動作。將近十年後，因跨亞馬遜公路與庫雅巴–聖塔冷高速公路（Cuiabá- Santarém Highways）等鋪設工程的消息，加劇了掠奪的動作。帕拉州東南部的聖・菲力克斯・多・欣古鎮（São Félix do Xingu）周圍，已經變得像是蠻荒西部，也就是在那裡，發生了如強迫勞動、非法伐木以及土地糾紛引起的死亡事件等等，不時會出現在全國電視新聞中的景象。接著沿著東北部的邊界，阿爾塔米拉已成為主要的入侵門戶，而且速度非常快。最後來到西北方沿著安菲利修小河（Riozinho do Anfrísio）的河畔，那裡住著一群海孟度人。他們幾個家庭之間的位置，若以划行獨木舟的時間來計算，相隔數個小時，或甚至幾天的距離。

安菲利修小河的名字源於安菲利修．努內斯（Anfrísio Nunes），是名來自塞爾希培州（Sergipe）的開採者。他跟其他許多人一樣，都獲得了政府的授權來開發亞馬遜地區的橡膠樹。努內斯的後代也宣稱他們擁有那塊土地的所有權。「安菲利修從東北地區帶了兩百多個阿利果斯家庭到小河邊開採橡膠。」他的繼女與兒媳婦——七十四歲的薇森西雅．梅雷蕾斯．努內斯（Vicencia Meirelles Nunes）說到。「當時原住居民摧毀了好幾個阿利果斯的家庭。安菲利修總共撫養了十八名孤兒，他們的家人都被開亞坡族（Caiapó）或阿拉拉族（Arara）的族人所殺害。」

1〔編註〕西科．門德斯，巴西橡膠工、工會領袖、環保人士。致力為亞馬遜雨林奮鬥，同時也是農民與原住居民人權倡議者。一九八八年遭人暗殺身亡。

這些海孟度們都是阿利果斯的後代，當橡膠已經不再有利可圖，他們能依靠的就只有自己了。他們在遠離國家的地方塑造自己的命運，那裡沒有學校，沒有醫療保險，也沒有出生證明。他們不想擁有雨林，他們只想住在裡面。他們的世界觀裡並不包括圍牆柵欄。

耶爾庫勒諾的旅程

為了向巴西證明他的人民是真的存在，一位名叫耶爾庫勒諾．波爾圖（Herculano Porto）的六十歲瘦弱男子被選中前往阿爾塔米拉。作為唯一擁有各種證件的戶主，這個側臉看起來像鳥類、有著貓一般雙眼的男人，是最適合進行這趟旅程的中土人士，他因此還成為了他們的主席代表。他先是划了一整天的獨木舟來到安菲利修小河的河口，然後從那裡坐上了小汽艇。這趟旅途中他還一度遇上正在過河的豹，「我們以為那是一隻鹿，就直接把船從牠上方開了過去。」他描述道。

耶爾庫勒諾是在九月七日啟程回家的，那天正好是巴西的獨立紀念日。他完成了這次的使命：帶回了兩顆足球與一份由天主教牧地委員會（Comissão Pastoral da Terra）起草的文件，當中以他們聚落的名義，要求聯邦政府成立一個採集保護區。在這份請願書的底部，聚落裡的人民必須蓋上他們的指紋來代替簽名。

耶爾庫勒諾與他的國家之間，有著一條綿延兩百零四英里長的水路，那裡只有乘船才能到得了。他的這趟旅程要持續幾天才會畫上句號，終點是在一條流向內陸的蜿蜒河流盡頭。你必須先過了欣古河，再穿過伊里里河中如迷宮般的岩石才能深入到中土世界。這個過程裡，旅行者必須克服六個急流。每當遇到急流就需要先下船，然後以步行的方式用繩索將船往上游拖行前進，這樣的過程往往造成手部撕裂至出血。

耶爾庫勒諾相當熟悉水的語言，所以他對河上布滿的各種陷阱毫無畏懼，唯一使他煩惱的是他的船夫貝內吉托・多斯・桑托斯（Benedito dos Santos）的忠告。貝內吉托在亞馬遜河流域生活了六十二年，從事過採橡膠工、礦工、皮條客、獵豹者和傭兵等不同工作，他說的每個故事裡總有兩、三個人會死去。「我替那些亞馬遜的大頭們把很多人趕出他們自己的土地，有時用暴力解決事情是更容易些。這些故事已經不斷重複過很多次，而我從來沒見過原居住者打贏過。這世界上永遠有爭奪土地的戰爭。」順著河流，他一邊講述著自己的故事，「嘿，老兄，在他們把你扔出去之前，趕緊把你的部分賣了吧！」耶爾庫勒諾露出他那缺牙、充滿毅力的微笑。

如果一切順利，在旱季搭乘客船到耶爾庫勒諾居住土地的河口大概需要七天。乘客們常常不得不在那些複雜的地帶露營數周，直到他們能征服通過。像耶爾庫勒諾這樣的男人，一路上會在河流與叢林中尋找食物，特別像是黃頭側頸龜（tracajá）這類物種的烏龜，整座雨林就是他們的餐廳。

當太陽落下，一天即將結束，河底的岩石就會變得無形而致命，人們也開始準備起當天唯一的一餐。當他們把腳放進水底拖著走動時，總是小心翼翼避免踩到帶著毒刺的魟魚。幾碼之外，凱門鱷如手電筒般的眼睛正向外張望，等待著那些粗心大意想冒險走近一點的人。耶爾庫勒諾與他的夥伴從來不冒險。他們屬於這個世界，他們跟自然是一體的。夜晚他們會把吊床綁在樹上，然後在上頭安穩地睡上一夜。

接近凌晨時刻，雨林裡的寂靜是由各種噪音所組成的，耶爾庫勒諾．波爾圖知道它們各自的名字；他的腦中有一片森林。動物是不會攻擊人類的，由於生態系統仍然處於平衡狀態，每種動物都有足夠的食物，就像是如果沒有充分的理由，即使是美洲豹也不會輕易挑戰作為掠食者的人類。在水裡，只有彷彿像是來自失落世界的大蟒蛇會吞食人類。就在耶爾庫勒諾經過那裡不久後，就有一名正在河裡游泳的人被蟒蛇殺害。蟒蛇先是粉碎了他的骨頭，然後把他整個人吞了下去。

耶爾庫勒諾持續在他原始世界中的河流航行之時，米納斯吉拉斯州（Minas Gerais）

瓦爾任阿市（Varginha）的索法真達房地產公司（Sofazenda），正以三百萬美元的價格，在網路上出售他的部分土地。廣告中宣傳著安菲利修小河的各種奇景：「數十種硬木屹立在滿是桃花心木的茂密森林中。」還有像是：「大量的礦石、錫石、黃金、鑽石等礦藏。」當記者聯繫到房地產經紀人奧達彌爾・黑諾・賓多（Aldamir Rennó Pinto）時，該地區已經從他們的銷售清單中刪除了，他解釋說：「因為有些事情耽擱了。」然後他又提供了另一塊土地，面積九十五萬英畝，售價為九百萬美元。「事實上，有另一片土地就在我現在提供給你的這塊土地裡頭。它屬於安菲利修・努內斯的繼承人所擁有。我已經拿到它的所有權狀，一切都準備好了。」

目不識丁的耶爾庫勒諾僅能用指紋回擊這個以科技網路進行著土地掠奪的世界。當他終於下船回到家，發現自己的巴西堅果樹林早已經被夷為平地，唯一剩下的就只是被砍倒的那幾棵最大的樹，然後被放火燒了。對耶爾庫勒諾來說，一棵堅果樹承載著過去、現在與未來。它幾乎就是人的一面鏡子。

同樣是被判了死刑，耶爾庫勒諾完成了他的使命。但是當這份帶有他人民指紋的文件最終到達官方國家的首都巴西利亞時，那裡不會有人知道他的冒險之旅有多麼漫長。

靈魂之爭

在那些入侵者到來之前，中土世界是不需要依靠金錢來運作的。土地掠奪者帶來了貨幣與貪婪，得以穿透中土人們靈魂的縫隙，然後加以分裂、製造不和。弗朗西斯科·多斯·桑托斯（Francisco dos Santos）是最熟悉這條河及其變幻莫測的人，他也是第一個受到誘惑的人。綽號西科·普雷多（Chico Preto）的弗朗西斯科，以每天七美元的價格出賣自己，他帶著工人與槍手進進出出安菲利修小河。西科說：「我會為了保護區而戰。不過他們付款都很準時，而且這裡很難透過其他方式賺錢。他們是群開朗的人，樂於助人，甚至看起來不像是會殺人的模樣。」

西科的繼子，也是另外一個海孟度，成為了土地掠奪者戈亞諾（Goiano）的得力助手，戈亞諾因其犯下的各種暴行而聞名。河口處一旦有陌生人接近，他便負責以無線電發出警告。「最好還是把土地賣了，因為他們遲早都會奪取，如果到時候被他們踢走，就什麼都拿不到了。」持不同意見的海孟度這樣表示。

土地掠奪者利用政府對中土民族的忽視，提供了國家所不能提供的東西。「我想為這些人改善生活情況。一所學校，一間診所，我已經確保有一輛車可以供他們使用了。」說出這番話的是五十一歲的艾德米爾森·特謝拉·皮雷斯（Edmilson Teixeira Pires），聲稱自己擁有幾十平方英里的土地。他已經在跨亞馬遜高速公路邊上開闢了一條道路，建起了不止一所房子，底下有幾十名工人為他工作。不過那條路沒能到達河邊，完全是因為被路易斯·奧古斯托·孔哈多（Luiz Augusto Conrado）給擋下了。五十一歲的孔哈多，因他從嬰兒時期就有的一縷灰白色頭髮，而以「斑紋」（Manchinha）這樣的綽號為人熟知，「你可以馬上往回退了，在我的土地上，你們這些傢伙禁止進入。」他警告著。

「斑紋」對這些大人物所表現出來的愛心與關懷再熟悉不過了。他在娶安菲利修小河的助產士芙蘭希內己（Francineide）之前，已經在帕拉州的大農場和牧場做了十多年的奴隸。後來他成了塞哈·佩拉達（Serra Pelada）的採礦工，在那裡他什麼都見過，就是沒見到足以改變他命運的黃金。他很清楚自己的抵抗是由什麼構成的：「雨林是窮人唯一的富庶之地。他們開始將我們圍起來，而我們需要那些巴西堅果、狩獵、捕魚。他們不斷縮小我的土地，想要趕盡殺絕。他們在這裡挖的路，只要有一條通到河裡，我們和這片雨林就完了。」

瀕臨滅絕

如果侵略者獲勝，那這座雨林就將消失，包括三百六十四種樹木、一千三百九十八種脊椎動物、五百三十種魚類都將消失。這些物種之中有很大一部分是中土世界才有的原生物種。世界將在生物多樣性方面變得更加貧乏，一種無法彌補的貧乏。除了失去成千上萬的物種，地球上的人類也將減少。中土民族是他們血脈僅剩的最後一批族人，他們即將和雨林一樣被消滅。孤立讓巴西許多偏遠地區，造就出一種難得的無影像文化，一直延續到二十一世紀。

這就是為什麼它會成為海孟度們的國度，由於沒有電視節目可看，這裡的人們從不會給自己的孩子取外國名人的名字，所以就沒有出現像是麥可（Michael）或珍妮佛（Jennifer）這樣的人名。他們甚至也沒聽說瓊昂（João）與瑪麗雅（Maria）現在巴西其他地方流行的名字。他們是聖．海孟度．諾納多（São Raimundo Nonato）的信徒，一名從他死去母親子宮中被拉出來，因而成為了助產士守護者的聖人。他們對社會的想像，完全是憑靠耳朵去拼湊起來的。所有的畫面都來自亞馬遜國家廣播電台（Rádio Nacional da Amazônia）中的零碎片段，那是他們與巴西唯一的連結。也就是這樣，他們從聽到但未看到的動作中，重新發明了足球的遊戲規則。

羅納度（Ronaldo）與小羅納度（Ronaldinho Gaúcho）是沒有臉孔的偶像，他們過去的豐功偉業在每個海孟度的腦中裡不斷重新詮釋，足球是讓這些生活在雨林裡的人獲得巴西身分證的方式。在每年舉辦六次的黑嘎動（Regatão）水上市集中，除了可以用當地的物品換取來自城市的商品，他們也會以四百四十磅的巴西堅果，去換取一顆能代表所謂身分的球。

海孟度・諾拿多・達・席爾瓦，一個不知道魯拉是誰的巴西人，擁有一個足球場，就在屋頂鋪著棕櫚葉的住家對面。每逢星期天，他的孩子們會放下手上的橡膠樹小刮刀玩起足球。他們就是在這片作為公證處的土地上登記出生的。「如果能知道巴西總統的名字當然很好，但這並沒有什麼差別。」他們的父親表示。

任何不熟悉海孟度生活的人，可能會認為他有點頭腦不清。他是一個死在叢林裡的橡膠士兵的繼承人（「我爸爸的名字叫做祖扎〔Zuza〕姓瑟〔Zé〕」），海孟度自出生以來就一直過著無國籍的生活。他只知道河的那邊有一個叫「城市」的地方，然後以帶著神祕的眼光，想像它是「某種活動」。對他來說，總統的名字真的不重要，國家的概念在他的社會想像中無立足之地。巴西需要去發現海孟度，趁一切都還來得及的時候。

14 聲音 The Voice

克洛代伊（Clodair）看不見舉在鼻子前方的手掌，他不只看不見自己的手掌，他什麼都看不見。不過為了彌補這一點，他擁有一副如男高音「高音C」般的穿透性，以及像是低音號強而有力的嗓音，並且能夠傳得很遠很遠。那是副相當於考比．佩秀多（Cauby Peixoto）[1]的聲音：

宮西松！我記得很清楚……[2]

他像是巴西的湯姆．瓊斯（Tom Jones）正引吭高唱著〈黛麗拉〉（Delilah）。

不過這位考比的聲音，如今變成了愉港市中心普拉雅路（Rua da Praia）與拉德拉街（Ladeira）交叉口上的一種折磨。試著想像一下，考比每週二到週六，從早上七點四十五分到十點就得喊著：

1 〔譯註〕考比．佩秀多是巴西知名歌手。

2 〔譯註〕考比．佩秀多的作品〈Conceição〉歌詞第一句。

「超級大樂透今天開獎！累積獎金一千萬美元！現在就去下注！」

每天六百七十八次，毫不間斷。

他並不怎麼受到大眾與輿論的歡迎。

這是一場戰爭。它確實是盲目的，但絕不是聽不到或無聲的，這場戰爭已經到了危險邊緣。克洛代伊・考比穩穩地站直在一所專為大學考前準備以及高中同等學歷課程的學校——蒙德羅・羅巴多（Monteiro Lobato）前面，然後朝著天空發出他砲彈般的聲音。此時校長布魯諾・埃伊澤力克（Bruno Eizerik）於學校二樓的辦公室裡，正在與聖保羅一家廣告公司通著電話。

「愉港發生了什麼事嗎？那是什麼抗議示威活動？」電話另一端完全狀況外的傢伙問道。

「就是那個瞎子。」布魯諾抱怨道。「就那個瞎子！」

在學校的六樓，創辦人皮涅羅・埃伊澤力克（Pinheiro Eizerik）正試圖以大學電台裡傳來的柴可夫斯基音樂會，對抗一直不斷上升的砲彈聲。他繼續嘗試著，他的飛利浦收音機微微顫抖，但最終也只是柴可夫斯基與克洛代爾・考比的融合：柴可夫斯基與「用一美元買你的頭獎彩券！」

「我失敗了。」他說。

埃伊澤力克是滑鐵盧戰役中的拿破侖。隨著語調的下降，他的沮喪情緒也開始上升。在八樓，大學考前準備班的學生艾薇莉斯．貝納德斯（Evelise Bernardes）把轉折連接詞的神祕之處拋在一邊，她即將做出魯莽的舉動——訴諸瘋狂，澈底邪惡的那種。艾薇莉斯想著要折磨這名瞎子，好讓自己成為人權組織以及弱勢群體捍衛者的頭號敵人。她恍惚地在筆記本上亂寫亂畫，就像傑克．尼克遜在《鬼店》中扮演的角色：

從早上六點四十分到十點四十五分，他不停大喊：

「百萬富翁大獎！」

「今天下注！」

「一萬美元！」

「百萬富翁頭獎今天開獎！」

「累積獎金今天開獎！」

「一萬美元今天開獎！」

艾薇莉斯在八月報名註冊了這個考前準備課程，接著她就成了反克洛代伊．考比小組的領袖。這一切都是因為才剛加入課程不久的她，有天決定走到街上詢問克洛代伊．考比是否能降低他的叫喊聲。當下，克洛代伊．考比不喜歡自己的藝術表現被突然打斷，所以他揮舞起（就只是揮舞）那在市區裡已經出名了有一段時間的手杖。它看起來像根手杖，用起來也像根手杖，上面就寫著手杖二字，但它實際上是一種武器，一種金屬的武器。說實話，克洛代伊．考比這種急於捍衛自己生活方式的態度，也是有點難以讓人為之公開報導。

艾薇莉斯得出了個結論，如果在有克洛代伊．考比的環境下重修預備考試課程，會比無法順利通過法學院入學考試糟糕得多。

近來眼袋不斷繼續加深的艾薇莉斯，向第九軍警分隊提交了一份文情並茂的請願書，陳述了每當克洛代伊．考比釋放出上帝為彌補他被奪走的部分而賜予他的禮物，學生們就會紛紛被「集體精神官能症」給襲擊。

「他在折磨我們的心理！他用詛咒的話攻擊著我們！他揮舞著手杖！」艾薇莉斯發洩道。

這很嚴重，相當嚴重。

嚴重到有些學生已經考慮要重現希區考克電影中的經典場景。他們考慮過在克洛代伊．考比的身上撒些鴿子飼料，然後將他交給那些飢餓的鳥喙。他們還想到了其他的事，他們已經想到了……好吧，最好就別再往下想了。

當他被問到這個話題，克洛代伊・裘瑟・賓耶羅・麥德納（Clodair José Pinheiro Maidana），也就是克洛代伊・考比，轉動著他的雙眼，表現出一種優越感。他的聲音超越了這些世俗問題，至少超過九層樓高。他來自阿萊格雷特（Alegrete），四十二歲。他不是考比・佩秀多的粉絲，而是五〇年代樂團「黑納多與他的藍帽」（Renato e Seus Blue Caps）的歌迷。有一對兒女的他住在里歐波及納（Leopoldina），在自己參加的足球隊裡擔任後衛（理所當然）。他星期二到星期六每天工作三個小時，一天大約賺十二美元。

「如果他們每個月付我六十美元，我就離開這裡。或者他們在學校幫我安排一份電話接線生的工作。」

句號。在克洛代伊・考比幾步之外，是他的妻子伊法（Eva），他們是在聖盧西雅盲人學校（Instituto Santa Luzia para Cegos）舉辦的舞會上認識的，有著三角鐵般金屬嗓音的她，正擔任著和聲的角色。

「我不能跟我的丈夫唱反調。」她以尖細的音調解釋道。

她發誓他在家裡不常叫喊。

那個聲音現在成了第十七分局的一樁案件，在法庭上經歷了多次的庭審。第三刑事法庭的聽證會上，克洛代伊·考比承諾自己會「輕柔點」叫喊。

克洛代伊·考比依舊無法辦到，他喜歡把工作做到最好。他想要展現出內心深處的自我，為普拉雅路上從這一端到另一端的人們唱出好運來。他在整條街上其實是很受歡迎的，每個人都認識他：他這個人，他的聲音，他的手杖。

「啊！別告訴我是那個瞎子在那吼叫！那我要走了！」

一個有著瓊昂·究貝爾多（João gilberto）[3]般嗓音的同夥（你可以好幾個小時都聽著他以巴薩諾瓦的節奏唱出「超級大樂透」，還感到心情愉悅）認為，自己可以制住克洛代伊的大嗓門，卻寧願選擇不要跟這個夥伴面對面，或在他兩旁，又或者其他任何方式。即使像小丑般在他身邊嬉鬧之後被手杖追著打，那也是有點沒意思……

沒有人知道這個故事最終將如何結束，儘管街上的人都以十比零的賭注押在克洛代伊·考比身上。

就現階段的結局是這樣的：

上午十點整，克洛代伊·考比與他的妻子在兩人之間有著十步距離的中間隱形地點碰頭，然後挽著對方的胳膊，拿著各自的手杖沿著街道走。

在大樓的高處，四百五十名名學生探出窗外，幸福地嘆了一口氣。他們稍稍暫停了歡呼聲。

在樓下，克洛代伊用他那低沉像考比的聲音對著妻子說：「你知道嗎？伊法，你無法想像那樣大喊大叫會讓我的頭有多痛啊！」。

3〔譯註〕瓊昂·究貝爾多，巴西作曲家、吉他手、歌手，為一九五〇年代巴薩諾瓦音樂的代表人物之一。

15 瓊昂請求海孟妲一同以死作為犧牲 Joao Asks Raimunda to Die with Him in Sacrifice

瓊昂（João）和海孟妲（Raimunda）故事裡的兩幕戲，發生在巴西政府及大多數巴西民眾都不承認的一場大屠殺背景下。故事的地點是在亞馬遜雨林生物多樣性最高、最豐富的河流之一的欣古河。當他們試圖在雨林中順著河水的水流找尋出路時，卻在那裡發現自己的未來就像河流一樣被阻斷了。這個男人和女人，僅僅是成千上萬因為世界第三大水力發電廠貝羅．蒙契（Belo Monte）建設計畫而被迫離開的人中的二個。如今淪為自己國家的難民，瓊昂與海孟妲在那片他們早已認不得，也認不出他們的土地上來回遊蕩。他們的身上刻著一個極具歷史意義的十字路口印記：一個國家在經歷了如此多的未來之後，終於來到了現在，卻發現自己陷入了過去。他們的故事是一個政黨承諾當選後，將為最貧窮與最脆弱的人帶來尊嚴，但卻在這個距離政治與經濟權力中心最遠的地區背叛了他們。他們的故事也揭開了一種扭曲的剖析：生活在一個表面民主的國家，卻同時受制於凌駕法律之上的權力。當受害者遭受到不被承認的暴力時，給他們帶來了更大的痛苦，他們會被一種不真實的感覺再次侵犯。當他們的世界發生劇變，海孟妲與瓊昂選擇了不同的命運。

海孟妲選擇了活下去，儘管她已經粉粹成片。而瓊昂不知道如何繼續，對他來說，只有透過犧牲的死亡才有意義。

瓊昂與海孟妲陷入了僵局。

故事的第三幕仍未確定。

第一幕

瓊昂失去了說話能力，他鎖上雙腿避免自己犯下殺人罪行

二〇一五年三月二十三日星期一，瓊昂・貝雷拉・達・席爾瓦（João Pereira da Silva）站在北能源公司（Norte Energia）代表處前面，該財團贏得了貝羅・蒙契水壩的投標案。當時的他盼望著自己因水壩工程而被驅逐離開的那座島上，原本所擁有的房屋及田地，能以符合市場的公平價格出售。然而北能源公司卻把價格訂在七千兩百五十美元，根本不足以讓瓊昂另行購地，好可以繼續透過種植、捕魚以及在雨林採集各種蔬果來維生。他意識到自己注定要貧困的人生，而他已經六十三歲了。法律在他的事件中起不了作用。從八歲起，瓊昂就在巴西各地尋找無主土地，靠著自己的雙臂勉強維持生計。經歷了一段艱難的旅程之後，他認為自己在欣古河上的小島找到了一個家，以及不再挨餓的生活。現在他們又把他從那裡給抓走了。他覺得他們正在奪走他的生命。他既不年輕，也不健康，無法重新開始。在一個幾乎與世界同大的國家，對瓊昂來說並沒有最終的邊界。只是他再也沒有雙腿走路了，他的一切都被奪走，連生命也是。在他看來，「過去─現在─未來」都被簡化為一個單一的時態，一遍又一遍重複著。在每個新至的早晨，瓊昂發現了自己的雙腿被綁在一只凍僵的分針上，被拴在一個不存在的地方。

瓊昂想殺了站在他面前的人。他解釋著，那不是出於復仇的念頭，而是一種犧牲。「如果我傷害一些大人物，那些待在裡頭的大人物，也許對其他人會更好。我願意犧牲自己的生命，但如果是其他人的性命，應該會更好些。如果可以，我會選擇犧牲這家公司最大的老闆，我會犧牲他幾百次。我不怕這麼說，我很樂意這麼做，即使我的生命就在此時此地結束。」

瓊昂無法完成這個行動。他殺人的衝動並沒有付諸於行動，他發現自己不可能去做這件事了。他的雙腿動不了，話也講不出來。瓊昂讓身體完全靜止不動，避免自己去殺害那位讓工程奪走他一切的代表人。最終，他犧牲了自己。他的妻子海孟妲和其中一名女兒不得不將他抬出北能源公司的辦公室。

「我甚至一度失去了聲音。我失去了一切，我相當氣憤，我的神經把一切都鎖住了，鎖得緊到我都走不動了。我現在多少能走一點了，但我的雙腳還是會痛，而且還腫了起來。生氣可以氣到把身體都鎖起來還真不容易。」

瓊昂從那時起精神就受到了創傷。不是淡化了的「創傷」感，近似於沮喪那種，而是「創傷」作為一種無法象徵的東西，一種無法癒合的傷口。他不知道要去哪裡，甚至不知道自己在哪裡，瓊昂只走了幾步就需要坐在凳子上。他外出時總是迷路，因為他不知道自己在哪裡。瓊昂已經被所有的一切給放逐了，包括他自己。幾天前某個朋友打電話給海孟妲：「瓊昂正坐在陽光下一處無人之地，他會死在那裡的。」海孟妲趕緊讓他們七個女兒中的一個去救他。

如果瓊昂那天能說話，他會說些什麼？

「我會說很多。首先就是巴西這個國家，沒有正義可言。」

瓊昂在解釋之前停頓了一下。

「你必須明白一件事情不是用說的，而是用做的。那些人真讓我覺得噁心。上帝原諒我，但他們就是這樣。」

沒有言語、沒有行動的瓊昂是一場災難的受害者，而且他還是雙重受害者，因為他的國家並不承認這場災難，所以瓊昂也變得有如無國之民。他有一種極度的不適感，覺得自己同時身處於局內局外，既受不成文法律影響，又被理應賦予他公民身分的法律忽視。每當他提到巴西，瓊昂最常用「巴西國」這個說法來表達，他選擇用這個詞代表他不屬於巴西這個國家，代表他被這個社會給遺棄了。

「我之前已經說過了，現在還要再說一遍。我要對迪爾瑪（Dilma）總統說，我要對上帝、撒旦和任何來到這裡的狗說：在巴西國，金錢就是正義。如果耶穌出現在這個國家，大企業家就會找到祂，用錢收買祂。如果祂對此不以為然，祂就會被賣掉。你明白嗎？」

瓊昂重複著「你明白嗎？」這個疑問句一遍又一遍。聽他講了一段時間之後，你會意識到這不是一種語言上的依賴，而是他確信自己不會被理解。

第二幕

海孟妲發現自己的家已化為灰燼

二〇一五年九月一日，星期二，五十六歲的海孟妲・勾每斯・達・席爾瓦（Raimunda Gomes da Silva），打電話給熟人買了十公升的汽油，打算用於河上旅行，然後準備了「小餐盒與一些炸物」好在前往她居住的巴希辜達島（Barriguda）途中進食，就在那被命名為夫羅・多・保・哈拉多（Furo do Pau Rolado）的地區，他們早上五點出發。就在前一天，北能源公司的人打了通電話來：「席爾瓦女士，我們什麼時候能把你剩下的東西從島上運走？」那些所謂「剩下」的物品是海孟妲的廚房用具與漁具。他們安排她週二一早去把東西取走。海孟妲在河上待了兩個半小時之後終於抵達了小島。

她那間以相當耐用的阿卡普（Acapu）木材建成的房子，仍在燃燒著。

「朋友，你知道嗎？我就實話實說。我剛下船的時候完全沒有感覺到地面，我完全感受不到腳下踩著的土地，因為我大腦一片空白。當下那刻，我不知道那是種什麼感覺。我從遠處看到它的時候完全沒有想到……然後我們到達那裡時，我看到自己的家被燒了。我先是從圍欄下來，又爬了上去，之後坐了下來，我腦中一片空白，感覺完全被清空了，我不知道。我甚至不知道該如何告訴你自己所知，或是我的感覺，我不知道，因為我沒有任何感覺……我被眼前的景象給嚇呆了。我的意思是說，他們怎麼可以打電話讓我去拿回原本屬於我的東西，卻在前一天就先把整棟房子給燒了？我呆呆站在那裡思考著人生，我們到底是生活在一個什麼樣的世界？」

這家負責建設水壩的公司並沒有把海孟妲的房子當成是房子，他們告訴她，那是一個「tapiri」，小木屋。海孟妲反駁道：「先生，用你的語言來說，它可能是那樣。但在我這裡，它就是我的房子，我待在裡頭時感覺很好。」發現自己的家化為灰燼之際，海孟妲坐在河岸邊。

「我從沒想過他們會放火燒了它，如果換作是我去放火燒了他們的辦公室，那麼我下半輩子肯定都得在監獄裡度過。他們放火燒了我的家卻完全沒事，這就是我父親所說的關於世界末日的預言，大輪子壓過小輪子。」

她以這樣的話作為結束：

「他們知道自己可以為所欲為，而且永遠不會受到懲罰。也許我不確定自己所說的，但他們肯定知道自己所做的。」

海孟妲在尋找她房子前面的佛肚樹。

「這些灌木是我最主要的朋友，因為那就是我所信仰的。如果一大早我走出門，看到它們的葉子鬆軟下垂，那麼當天我就不會到河裡去。它會用它的語言告訴我一些事，會試著保護我不受傷害。不過如果它們一副生氣勃勃的模樣，那我就知道今天一切都會很好。」

海孟妲尋找著她的「主要朋友」，不過它們早已灰飛煙滅，不存在了。

「現在沒有人給我指引方向了。」

海孟妲在灰燼旁唱起歌來。

「要面對那些曾屬於你的東西卻已經完全被燒光了，可是件相當困難的事。我唯一能表達自己的方式就是唱歌，這樣我的植物就會知道，我不想讓它們被燒毀，它們會感覺得到我在這裡。既然它們不知道如何說話，而我也不懂植物的語言，那就讓我唱歌給它們聽。我告訴它們即使我的房子被燒毀了，世界並不會在此結束。世界依然屹立，只要上帝還讓我活著，我就會一直帶著希望與信念。我告訴它們，總有一天正義會成真。因為現在，正義只是一個幽靈，一個神話。他們說它是存在的，但窮人們從來沒有見過。」

相遇之前

海孟妲的父親教她走路別出聲

海孟妲穿著橡膠涼鞋在大廳走來走去，她說：「你看，我穿任何鞋子走路都不會發出聲音。」

我開了個只有讀過很多童話故事的白人女性才會說的玩笑：「那是公主步伐對吧，海孟妲？」

她反唇相譏：「這是一輩子都在別人家裡工作的人走路時的步伐。」

海孟妲的做人根本是其父所教，她一邊重複著他的教訓，一邊描述自己瓦解的世界，彷彿前者可以修復後者的傷口。納塔利諾・勾每斯（Natalino Gomes）是奴隸的曾孫，他的言語裡散發著痛苦。他來自印度的祖母為他的非洲血統增添了點肉桂香料。

「我的曾祖父把鐐銬傳給了我的祖父，接著我的祖父又傳給了我的父親，以此傳續。我的父親一直都是個奴隸，因為他只知道如何為別人工作，他不知道如何處理金錢的事務，也不識字。我的父親教育他所有的孩子走路時不要發出聲音，我是在『是的，先生。不是的，先生』的文化中長大，但我從來沒有習慣過這種文化。」

海孟妲或許是從她的母親瑪麗雅・弗蘭西絲卡・勾每斯（Maria Francisca Gomes）那裡繼承了她的熱情。瑪麗雅曾擔任過「聖人之母」（Mãe de Santo），即源於非洲的巴西宗教坎東伯雷的女祭司。她常常會對她先生的天主教信仰提出質疑，因為這個宗教強迫黑人在奴隸制度下生活。海孟妲說她母親過得很快樂、很自由，是在貧窮允許範圍內的自由，擺脫枷鎖般地自由自在的活在其他領域的現實裡。她的母親也很好鬥，她不會讓任何男人束縛自己，即使是她的丈夫（尤其是她的丈夫）。她是巴巴蘇椰子（babaçu）採集工，每天都出門工作，常常有群吵鬧的男孩圍著她。海孟妲五歲起就開始負責搬運椰子，七歲就能用斧頭把椰子劈開。她手裡的那些傷疤，正是這樣一份殘害了許多孩子、切掉了他們的手指和未來的工作所留下的。不過這一切都是在她十歲時，踩著輕柔的步伐在別人家裡工作之前所發生的。她是自己學會閱讀的，把一個字母跟另一個字母拼在一起看看會發生什麼，根本就沒上過學。

海孟妲告訴我：「我的思想就是我自己，我說什麼就是什麼。」

然後她說：「奴隸制度並未結束，它只是偽裝起來。奴隸制度依然骯髒虛偽地存在著，它以不同的形式出現，但它仍舊在這裡。作為奴隸就是這樣的，沒有任何的權利。你有看到我和成千上萬的人因為這個貝羅．蒙契所發生的事嗎？那麼正義在哪裡？這就是在正義面前的一堆不公平。所以，我就是個奴隸。」

海孟妲覺得自己有太多話沒說了，於是決定把想法都說出來：

「黑人總是出現在歷史的第二段，或甚至是第三段，誰知道。但永遠不可能出現在最開頭。」

即使腳上的鎖鏈束縛著海孟妲父親的無聲腳步，納塔利諾仍然有著自己的夢想。正是因為這些夢想，那種流淌在巴西人血液中的一絲希望，他才會將家人從馬蘭豪州（Maranhão）乾旱的內陸搬遷到了亞馬遜雨林。當時巴西的軍政獨裁政府正將雨林宣傳為「無人之地給無地之人」，無視生活其中的原住居民，給了納塔利諾這樣原來一無所有的人機會，去尋找屬於自己的土地。然而納塔利諾並沒有獲取自己的土地，這也是為什麼海孟妲說她的父親死時仍是名奴隸。在帕拉州（Pará）亞馬遜河流域，海孟妲依然在別人家中擔任著保姆與女傭的工作。

海孟妲的父親留給她一系列的格言以及一些預言，回憶著其中的一個，她在過去與現在的奴隸制度之間，從一個大陸放逐到另一個大陸之間，流放與流放之間，架起了橋樑。

「我父親過去常說，這世界總有一天將被紙張給牽動。結果你看，大家現在不都是為了錢。事情不正是如此？貝羅．蒙契以一種命令的姿態到來，接著推倒所有東西，然後毀掉它們，隨後他們就丟出些紙屑，也就是他們發的那些錢。他們完全看不見那些被奪走自己房子人的內心，是如何被他們破壞掉的。你明白嗎？他們拿走這個人所有的東西，然後扔給他一些紙片。你明白嗎？」

海孟妲與她丈夫瓊昂一樣，也是用「你明白嗎？」來結束她的句子。但她的「你明白嗎？」卻有著不同的含義。海孟妲相信自己仍然可以被理解，也要求被理解。她的疑問句就猶如一把刺向聽者喉嚨的刀。

她持續像是一把利刃。

「沒有人是靠著錢過活的。如果你帶著裝滿錢的袋子在雨林裡迷路，看看那袋錢有什麼價值？根本一文不值！假使你在雨林裡迷路了一段時間，身上沒帶錢，你是可以活下來的。你會找到一株植物、一些水果，喝上一些水。在有人找到你之前，雨林會提供給你生存所需的一切。錢在這裡完全起不到任何作用，你只會揹著它死去而已，毫無價值。」

海孟妲堅持著她的父親所說的話。沒有人能將她從這片有著象徵意義的土地上給拔走。因為她的父親，那個腳上拖著鎖鏈的人，早已經預言了這場災難。她雖然有種一切都已超出了控制範圍的殘酷感受，但這些事並沒有使她癱瘓。「就像我的父親說過的，紙張終將毀滅這個世界。他早就知道了。」她的父親還說：「順著小徑走。」海孟妲總是能找出自己的那條路。

相遇之前

被父親拋棄的瓊昂，生活在trecho，成了水壩工人

瓊昂也出生在馬蘭豪州，但那裡並不是他的歸屬之地。瓊昂的搬遷方式並不像海孟妲那樣，他成了一名遷移者。當時他的父親得了一種比瘧疾更為嚴重的熱病，這種病的發熱症狀持續的時間更長，甚至還會致死，那就是淘金熱。

只要一想到能發現黃金，就激起了成千上萬，甚至是數百萬巴西人蠢蠢欲動的心。如果可以發財致富，那麼現實中的貧窮也會隨即變成一張塵封的舊照片。每當有新的黃金礦脈被發現，淘金者就會乘著船、搭著公車、幾個人擠進一輛小貨車的後面，或者是以步行的方式前往現場，那時他們身上除了衣服與狂熱的夢想，其他的什麼都沒有。這是他們拒絕生活中只能有一種叫做貧窮的命運，而寧願過著冒險與消耗生命的方式。

正如某位探礦者所說，人生就像「書中的人物」。不過他下這個註解時，忘了自己其實並不識字。這在巴西是相當常見的，一個人在生活中的地位，如果受制於這個國家尚未完全廢除的奴隸制度之下，那麼當窮人拒絕接受自己的命運，抬起頭來望向地平線時，他們就會被視為罪犯。探礦者就是被當作罪犯來對待的，而大型的礦業公

司與跨國公司，還有那些為了賺取鉅額利潤而砍伐大片森林的公司，則被淨化般地貼上了「商業」、「企業」與「發展」的標籤。

瓊昂的父親就是當年那群狂熱的男人之一，他拋棄了自己的家庭，包括年幼的兒子，任由他內心的那座黃金之國吞噬自己。他在東北部其實是有些土地的，甚至還有幾頭牛，但他不是一個有根的人。他冒險進入了帕拉州伊泰圖巴（Itaituba）周邊的開採區，也就是巴西政府正準備在亞馬遜雨林中興建的另外兩座大型水壩的所在地：聖．路易士．多．塔巴久斯（São Luiz do Tapajós）與賈托巴（Jatobá）。他就像大多數的探礦者一樣，在那裡找到了新的女人，可能還不只一個。

妓女通常比探礦者更早到達這些開採區，至少是在同一時間抵達。她們通常被稱作為「自由女性」，然後在各式各樣的安排下工作。她們以換取預先確定的黃金數量（以公克為單位）作為交換條件。通常一名女人會同意僅屬於一名男人，然後和他一同生活在探礦村裡，她會替他做飯、洗衣服、一起睡覺，就好像是他的妻子那般。有時，她可能會成為他真正的妻子。當瓊昂的父親回來接他，想把他帶回開採區時，對於這段從未發生過的父子關係而言已經太遲了。他的父親嘗試了兩次，其中有一回甚至還是坐著飛機出現在他面前。瓊昂不相信父親的那對翅膀，拒絕跟他走。他寧願在自己還是個男孩的時候就變成一個男人。

瓊昂八歲還是個小男孩時，在親戚的田地裡工作。十二歲時掙脫了控制，冒著生命危險登上了「trecho」，這是巴西眾多種語言之中最神祕的單詞之一，隨著不同的地區而有其定義。「trecho」是世界，是道路，是移動中的生命，是一個充滿可能性的地方。瓊昂生活在「trecho」裡，他努力工作，拖著超出自身能力所能承擔的石頭，在還沒能擁有肌肉之前就先發明了肌肉，因為這個貧窮、不識字的男孩，不得不靠自己四肢的力量去維持生活。他受到了父親的詛咒：「男孩的學校就是要靠著一把鋤頭柄或一把鐮刀柄」。

瓊昂並沒有加入採礦工作，那是他父親的選擇，更何況瓊昂早就不再認為自己是他父親的兒子了。他更願意去找出屬於自己的路。在眾多分配給巴西窮人的工作中，他選擇了當一名「barrageiro」，也就是跟隨著政府各項重大建設，從一座水壩到另一座水壩的「水壩工人」。沒有發電廠要建設的時候，這些「水壩工人」就會以合約工的方式，替巴西的建商巨頭到海外工作。瓊昂列出了幾個大型承包商的名字，他們與政府的關係在獨裁統治與民主統治下都一樣緊密。「我為曼德斯．諸鈕（Mendes Júnior）、科露斯．高逢（Queiroz Galvão）、卡馬勾．科黑亞（Camargo Corrêa）、歐得佈雷區（Odebrecht）、恩得拉吉．谷切黑斯（Andrade Gutierrez）、工斯特稜（Constran）和工斯特魯拔（Construpar）工作過，也待過其他一些小得可憐的公司。我大概在十二家建築公司工作過。」

瓊昂只是一盤西洋棋中的棋子，它的棋盤則是亞馬遜雨林與巴西。一九五〇年代，在儒塞利諾・庫比契克（Juscelino Kubitschek）的民主政府下，承包商建造了由奧斯卡・尼邁耶（Oscar Niemeyer）與盧西奧・科斯塔（Lúcio Costa）設計規劃，有著現代主義風格的新首都巴西利亞之後，他們從此就再也沒有離開過政治權力中心。此後不久，隨著軍政獨裁時期（一九六四—一九八五年）的大型開發，特別是在亞馬遜地區狂妄自大的工程，例如跨亞馬遜公路這種破壞雨林與生命的諸多建設，承包商的利潤快速成長並倍數增加。如果追蹤巴西這些大型承包商的資金，也就意味著要講述這個國家至少六十年的歷史，橫跨的時間大概是從二十世紀下半葉到二十一世紀的頭十五年。

瓊昂在他作為「水壩工人」的早期生活中，只是個普通粗工，之後他學了些技術，成為了重型機械的操作員。他的第一個大型水力發電建設是位於巴拉那州的伊泰普（Itaipu），這個處在巴西與巴拉圭之間的水壩，後來淹沒了世界奇跡之一的塞提克達斯瀑布（Sete Quedas）。不過，是在另一個水壩，吐谷魯伊（Tucuruí），瓊昂才開始理解自己在這個由眾多國王統治下的遊戲中所扮演的角色；後來則又被一個女王給統治。就在他發現這點的當刻，瓊昂正準備與海孟妲一同開啟他生命中決定性的篇章。

結婚

瓊昂與海孟妲在舞會上相遇

海孟妲是在十六歲時參加的一場舞會上認識瓊昂的，「那是一場相當盛大的派對。」她解釋道。「我看著他，他也看著我。」因此在瓊昂的藍色眼睛與海孟妲的黑色眼睛對望的第一瞬間，他們就知道再也離不開對方。海孟妲很快就告訴他：「我的家鄉並沒有同居這樣的傳統。如果你想要我，給我你的電話和姓氏，我們將會一起創造歷史。」結果就這樣定了。一段時間之後，他們在一場集體婚禮上正式宣布結婚，那天海孟妲穿著淡紫色的洋裝，據她的說法那是「女人的顏色」。婚後他們開啟了一個「女兒」的生產線，總共有七個女孩，每個名字都是以字母L開頭。只有過一個兒子，受洗為雷歐德伊（Leodeí），不過十七個月大時就死於腦膜炎。

「我曾在一位女士家裡工作，她有個兒子是軍人，後來他死在一個叫印度尼西亞（Indonesia）的小鎮上。我一直記得那個名字，印度尼西亞……那位女士的夢想就是去她兒子死去的鎮上看看，因為他一直待在那裡。幾年之後，他們帶回了他的遺體，但那已經不是她的兒子了。我一直在想：如果印度尼西亞是個曾發動過戰爭的城市，一場毫無意義的戰爭，那麼它現在應該是處於和平的狀態了，而我希望自己的女兒擁有一個這樣名字，所以我給她取名為琳度妮西亞（Lindionésia）。然後是琳度寧西亞（Lindionisia），莉薇亞（Livia），莉薇雅妮（Liviane），蕾迪安妮（Leidiane），露西耶妮（Luciene）與莉莉安妮（Liliane）。」

對海孟妲來說，琳度妮西亞是一種融合，一種渴望。在經歷了一輩子的戰爭後，瓊昂與海孟妲在他們女兒名字的字母中，寫下了和平。但是在艱難的現實中，他們的故事還沒有結束。在瓊昂和海孟妲的生命裡，和平只是一個詞彙，而非它真正所代表的意義。

L還有其他的意義。

「它代表著自由（liberdade）。表達自己的自由，對吧？我希望我的女兒自由，她們可以自由表達想學習、想玩，做她們想做的任何事。」

某一天，瓊昂宣告般地說：「吐谷魯伊（Tucuruí）正在招聘。」她猜測或許自己一直在找尋的和平可能越來越近了。

正是這樣的契機，海孟妲發現了原來自己一直「為了水壩付出血汗」。瓊昂作為水壩工人的處境，迫使他進入了一個迷宮。如果說以前他跟著水壩、跟著建設工程到處去，那如今的他已經是個有家庭的人了，瓊昂再也不能繼續在「trecho」中生活，他需要安定下來。帕拉州的托坎廷斯河（Rio Tocantins）上的水壩，是獨裁統治時期最具破壞性的建設之一，當時瓊昂帶著海孟妲參與了這項工程，這對夫妻也因此落腳當地，在那裡蓋了他們的房子。最終他們發現，一旦河水被阻擋後將會發生什麼：森林被淹沒。亞馬遜雨林的一部分從此消失了。海孟妲講述起瓊昂發現了這個封閉循環時，他有了自己的見解。

「我老公從一九七六年起在吐谷魯伊工作。一九八三年，他意識到自己就像鴿子，因為鴿子築巢後在下蛋的那天起就會開始拆巢。當牠把巢裡最後一點東西拆完後，牠的後代早都離開了。瓊昂就是這麼做的。因為他努力工作，然後用他去蓋水壩賺來的錢買了些土地與一所房子，而最後正是那座水壩淹沒了我們所有的一切。」

吐谷魯伊水力發電工程是獨裁政權的政策，跟獨裁政權哪有什麼談判的機會。

「我不會說我們有多愚蠢，但當時我們被誤導了。那發生了什麼事？公司是這樣說的：『沒有土地的所有權狀，是不可能支付這些錢的。』我們合法擁有那塊土地，但之後我們再也沒見過它。我們什麼都證明不了，因為他們的證詞與我們的相反。所以除了失去一切，我們還在法官面前被當成了騙子，這就是正義令我厭惡的原因。我們什麼都做不了，我們請不起律師，什麼都付不起。他們給了我們其他土地，那裡有著沒人能忍受的蚊子與害蟲。因為水壩帶來的漲水，所有植物都被泡爛了，成了一片昆蟲海，根本沒有辦法在那裡生存。我們做了什麼？一九八五年底，我們帶著年幼的孩子們去了跨亞馬遜高速公路邊上的馬拉巴（Marabá），但並不順利。一九八八年，我們來到阿爾塔米拉。」

沿著欣古河，瓊昂與海孟妲發現了一個可以讓窮人致富的地方：雨林。但那是稍晚的事了。

起初，瓊昂經歷了另外兩個考驗。離開吐谷魯伊之後不久，他就去了伊拉克，受雇於曼德斯・諸鈕國際建築公司。彷彿是一場未宣戰的戰爭受害者般，瓊昂被調遣到世界的另一邊去築建一條「戰爭坦克的公路」。在遠離家人的地方受苦了一年的他，中途就想回來了，但他簽了合約。在伊拉克，他透過識字的朋友弗蘭賽尼爾多（Francenildo）口述了一封信給海孟妲，信尾這樣寫道：「唯有愛才能建造。」這封信已經加上了護貝膠膜，是他們的愛在流放之時建立起聯繫的證據。

從中東回來後，瓊昂為了四處尋找工作搬去了「巴西國」。他講了下面的故事來解釋為什麼自己不能去乞討，儘管從他被踢出那座島以來，他就沒有任何辦法賺取到足夠每天吃飯的錢：

「我從來沒有乞求過什麼，那會讓我覺得很羞愧，我沒有這種能力。我有餓死的勇氣，卻沒有勇氣去乞討，你明白嗎？有一次我去了馬蘭豪州因佩拉特里斯市（Imperatriz）的一家公司，當時身上帶著二十美元，而我已經三天沒吃東西了，不吃東西是因為這些錢是用來支付交通費的。有個晚上，我坐在公車站的長椅上，聽見有個人對另一個人說，『年輕人，在巴爾薩斯鎮（Balsas），他們一次會雇用三、四個人。』我立即起身用二十美元買了張車票，而口袋裡裝著剩下的兩塊錢。抵達時是早上五點，我走到那家公司的辦公室，看到門口有個牌子寫著『我們沒要徵人，不要一直問。』為了再三確認，我先在車站吃了頓早餐，而錢便只剩下一塊半，然後我就開始找工作。每當我路過餐館，有人正在裡頭吃飯的那種，我就進去要一杯水喝。接近中午時，我回到那個辦公室對著裡頭一名男子說：『年輕人，我沒有工作，連一分錢也沒有。我完蛋了』。他說：『你先把自己的包放在這兒。你能做搬運工嗎？』我回說：『我什麼都能做。』原來他有八百袋的肥料在附近的一個農場等著卸貨。然後呢？在還搬不到一半的時候，我就已經受不了了。那裡放著一瓶水，我喝完水後，意識越來越模糊，直到我倒下。我告訴他們自己已經四天沒吃東西了。當他們把肥料卸完後，桌子就已經擺好了，準備讓大家吃晚飯。我真希望你能看到當時的現場。我先是在盤子裡放了幾勺白飯和一小塊肉，將它們攪拌在一起後，我吃了一半。然後我去喝了杯水，結果就全都吐了出來。我在藥局打了一針（可以增強體力的那種）。我沒有去乞討，因為我不知道該怎麼做。」

瓊昂先是橫跨了這個世界，然後又經歷了飢餓，之後他重新發現了這條河。這次他不是要打擾它，而是希望被它帶走。當他成為一個漁夫，瓊昂覺得好像什麼都結束了。現在他正航行著。

轉捩點

瓊昂與海孟妲覺得自己很富有

千禧年交替之時，瓊昂與海孟妲發現雨林並不是在跟他們作對，或將他們排除在外，而是讓他們成為它的一部分。經歷了所謂的進步與考驗，瓊昂和海孟妲受到了欣古河上數百個島嶼之一的歡迎。他們學會了如何從雨林獲取食物，在不傷害土地的情況下種植植物、捕魚、河上航行。他們過著漁夫、森林採集者，以及兩個家園的生活：一個家在「外面」，另一個在島上或河邊。

「外面」是住在雨林裡的人們對城市的稱呼，這本身也就說明了他們的世界觀。「外面」的家，是他們在市場出售商品的地方，他們在那裡與各種無止盡的官僚主義抗爭著，也在那裡為更複雜的疾病尋求治療，而那裡也是他們孩子學習的地方；在島上或河邊的家則是他們謀生與自由生活的地方。這是瓊昂與海孟妲有史以來第一次感到自己已經抵達。他們有一個地方，什麼都不缺。飢餓已是過去式。

他們決定要把根扎得更深，他們當時過著這樣的生活：

「我們在島上擁有自己的房子，那裡有魚、豆類、玉米、鳳梨、香蕉、金湯匙果、大蔥、香芹、菊苣，所有這些東西都是收入的來源。我們從它們身上賺到了錢，當中很大一部分還是來自河裡頭。我通常會帶著自己種的東西與魚到城裡去，一週內就能賺上很多錢，手頭都是現金。後來我將越來越多的時間花在『外面』，因為我開始參與一些社會運動。我的丈夫住在島上。每當星期六他把魚帶進城裡來，我就會在市場上賣掉，然後和他一起回去。我一般會在週三乘坐水上巴士回到島上，然後留在這裡等他新的漁獲，這就是我們的日常。年底的假期，我也會和他一起待著。生活就這樣來來回回。當你住在河上，你瞭解河流就像它瞭解你一樣。你尊重它的極限，那麼它也會尊重你的極限。你與河水之間有了合作關係，就像：槳是我的筆，河流是我的石板。」

瓊昂與海孟妲起先是在阿爾塔米拉的低地買了間高腳屋。後來，蓋起了一座磚瓦房。

「在穩固的土地上擁有從地面蓋起的房子，是我長久以來的夢想。河流給了我們一間這樣的房子。我買得起自己的冰箱、電視機、瓦斯爐、瓦斯桶。我可以買到自己想要的床與床墊。我到商店裡採買這些東西，是因為我知道河流會回報我的，這樣我就能繼續付錢。這條河是我的銀行、我的信用卡、我的超市、我的藥店、我的商店。我從河裡得到了所有東西。我今天所擁有的一切都來自欣古河。而河流沒有給我們的，土地給了我們。」

海孟妲埋首於亞馬遜的爭鬥中，為婦女權利的爭鬥，為土地的爭鬥，為拯救環境的爭鬥。她加入了勞工黨（Partido dos Trabalhadores，簡稱PT），成了人權運動者。現在她有所歸屬。她的動詞不再是移動的，而是永久的。路易斯・伊納西奧・魯拉・達席爾瓦在二〇〇三年首度就任總統時，來自阿爾塔米拉及該地區的社會運動人士認為，貝羅・蒙契水壩工程將一勞永逸地被封埋起來。

自一九七〇年代軍政獨裁統治以來，欣古發電廠始終是個威脅，即使在巴西恢復民主政權後，也會在每任新政府中出現。過去，國有電力公司北方電力（Eletronorte）稱這座水壩為「卡拉拉歐」（Kararaô），這在凱亞波語（Caiapós）中是一種戰爭的口號。一九八九年發生了一個具有歷史意義的場景：一位名叫吐伊拉（Tuíra）的原住居民婦女拿著一把大砍刀抵著裘瑟．恩多紐．慕尼茲．婁培斯（José Antônio Muniz Lopes）的脖子，他當時是北方電力的董事。吐伊拉的這個舉動表達了在原住居民視為神話的河流上蓋水壩的抵制，這張照片傳遍了世界各地。最後電力公司把水壩的名字改為貝羅．蒙契，意思是「美麗的山脈」。

沒有哪一任的政府能讓貝羅．蒙契的水壩建設停下來。後來魯拉在選舉過程中獲得亞馬遜地區大多數社會運動領袖及積極分子的支持而上台，他是工人出身，「一個受苦的人，一個瞭解人民痛苦的人民代表」，海孟妲醒來時感覺不一樣了。她的父親一向對和平持謹慎態度，他以前總是說有可能。隨著魯拉當權，海孟妲認為和平終將且必然到來。

就在這時，索菲亞（Sofia）進入了海孟妲的故事，成為她最親密的夥伴。「她是黑人，有著捲曲的頭髮。」海孟妲如此描述她。索菲亞是她生命中的第一個洋娃娃。海孟妲當時人正在帕拉州的首府貝倫（Belém）參加一個婦女會議，她看到一個男人在街頭賣著洋娃娃，每個二美元。

海孟妲雖然覺得價格太高了，但她喜歡上了其中一個。她替洋娃娃取的這個名字，源於某位修女告訴她一個關於德國女子索菲亞的故事。這名女子小時候很窮，長大後便成立了一個機構專門照顧貧窮的孩子。現在索菲亞照料著海孟妲，陪伴著她到處走，包括參加了農村女性工作者的雛菊遊行（Marcha das Margaridas），也陪著她參加了聯合國永續發展會議。索菲亞在這些旅行中是隱身起來的，因為瓊昂保證「他們會取笑」海孟妲，要是他們發現海孟妲在包裡帶著一個洋娃娃的話。海孟妲，是個擁有十五個孫子的祖母。「索菲亞對我來說意味著一種沒有答案且深沉的平靜。」海孟妲用她帶著詩意的方式描述著。

只有找到自己的位置時，海孟妲才能夠擁有一個洋娃娃。

「我從來就沒當過小孩，因為我必須非常努力地工作。我也從來不曾當過青少年。這就是為什麼我不會放棄自己的晚年，我不會為任何人讓步。我女兒說我瘋了。不可能，我所做的就是生活。」

直到若干年後，海孟妲與其他許多為了守護亞馬遜雨林的積極分子才意識到，他們正面臨著不同巴西之間的又一場衝突。魯拉是來自聖保羅ABC工業區的工會領袖，他的世界觀是工業、混凝土與大城市。對於一名勞工來說，所謂的進步就是能擁有汽車與平板電視，以及週末在家享受烤肉和啤酒。

而對於國家來說，所謂進步就是將亞馬遜雨林變成種植大豆的農場與養殖牛群的牧場，同時大量開採礦石，出口至海外。魯拉不瞭解的另一種生活方式是雨林的生活，他也不認為自己必須去熟悉，因為在他的世界裡氣候變遷並不是最大的威脅。他對亞馬遜雨林的規劃一直與軍政獨裁政府相似，認為該地區事關國家安全，是個無人居住的沙漠，是個可供開發的地方。

本世紀的頭十年，大宗的商品持續出口，尤其是對蓬勃發展的中國，這對於資助反貧困計畫、提高最低基本薪資的實際價值，以及確保將近四千萬巴西人在不觸及富有階層特權的情況下，能夠在社會經濟的階梯向上攀升來說，是至關重要的。農業發展與採礦業給雨林及原住居民的土地帶來了越來越大的壓力，而能源密集型的產業則需要更多的電力。在亞馬遜雨林規劃的主要水力發電大壩裡，貝羅．蒙契成為了巴西增長加速計劃中最大的建設之一。在勞工黨的發展計畫中，大自然付出了代價，而且代價極為高昂。

瑪莉娜．席爾瓦（Marina Silva）是聯邦政府及勞工黨中，唯一有能力反對這個將亞馬遜雨林議題停滯在二十世紀觀點的人。作為聞名國際的環保運動人士，她在阿克雷州（Acre）的橡膠樹林中長大，知名環保領袖西科．門德斯（Chico Mendes）更是她的人生導師之一。西科．門德斯因在拯救亞馬遜雨林的抗爭中所扮演的角色，而於一九八八年被殺害。瑪莉娜一直承受著壓力直到二〇〇八年離開環境部，不久之後她也離開了勞工黨。魯拉選定的繼任者迪爾瑪．羅賽芙（Dilma Rousseff），從不掩飾對亞馬遜雨林大型開發計畫的欽佩，也毫不掩飾自己沒有意願傾聽雨林居民們心聲的態度。貝羅．蒙契水壩的計畫發展，在她擔任魯拉政府的礦業及能源部長時就已經逐漸成形。

海孟妲與幾位欣古河區的抗爭領袖意識到只有魯拉才有辦法讓貝羅．蒙契脫離計劃，但為時已晚。執政的勞工黨一方面削弱巴西的社會運動，另一方面卻又拉攏著他們。早先地方議員發表了一場又一場反發電廠的演說，現在他們轉而捍衛所謂的「發展」。

對貝羅．蒙契的聯合抵抗已經有幾十年了，不過現在卻分裂了。電力產業猶如馬蘭豪州地區的寡頭政治家、前任總統若澤．薩爾內（José Sarney）的封地般，穿梭在各個政府部門之間。其中一個例子就是裘瑟．恩多紐．慕尼茲．婁培斯，那位在一九八九年被吐伊拉拿刀架著脖子的北方電力的董事，他在巴西民主政權治理下，繼續在多個國有電力公司擔任要職，現在仍然如此。

海孟妲說：「只是項圈變了，狗還是原來的。」她解釋說，這個國家利潤豐厚的電力產業控制權不會轉手。因為只有勞工黨與魯拉有足夠的政治力量來削弱這些抵抗，得以讓貝羅．蒙特在欣古河中間成為真實存在的水泥建築。

積極建造預計耗資一百四十億美元的工程，得到了一個聯盟的支持，而這個聯盟不僅包括了存在很長時間的團體，如巴西民主運動黨（PMDB），也包括了一些新加入的成員，例如勞工黨。建商則是構成的第三個要素，又或者可以說是第一個要素，這就取決於觀察者的視角了。

這些貫穿於政府幾十年的利益，也解釋了為什麼貝羅．蒙契後來慢慢變為既成的事實，儘管聯邦檢察官辦公室已提出了二十三項控訴，指出該建設違憲，讓迪爾瑪．羅賽芙的政府岌岌可危，也使得一些大型建商的老闆因貪污罪而服刑。或許貝羅．蒙契這個結完全被解開時，巴西才能被真正顯現出來。

對海孟妲而言只得出了一個結論，對她和其他許多人來說，勞工黨從來就不只是另一個執政黨，而是一個與她在巴西尋找一席之地並相信這個地方存在的信念交織在一起的政治體。她從字面上試著去理解這個象徵意義。當她覺得自己被背叛時，她對民主也失去了信心。

「如果魯拉去看看那些投票給他的人，他就永遠不會讓貝羅．蒙契動工。我很難說出口，但我是把票投給了魯拉與迪爾瑪。他們背叛了我們，因為魯拉明確說過貝羅．蒙契不可能發生，然後迪爾瑪又說貝羅．蒙契是必要的。他們是人性的叛徒。哦，上帝！如果我看到他們，我一句話也不會說，我會直接朝他們的喉嚨打，讓他們學會什麼叫慚愧。是什麼樣的總統會對國家撒謊？我再也不會投票了。如果我再也不需要自己的選舉證，我會把它給撕了。我打算不再將我的選票放進投票匭裡。我不知道這樣做對不對，但這就是我的打算。」

在海孟妲看來，貝羅・蒙契這個「怪物」向她揭示了曾經認同的政黨的矛盾。並非該黨出現腐敗污點就被視作背叛了中產階級，而是海孟妲認為該黨背棄了其存在的理由：保護弱者及未被保護的人。歷史上那些被剝奪土地的人，包括原住居民以及那些在自己國家被流放的人，比如海孟妲本人。正是地圖上的這個地方，那些在巴西流浪四處尋求和平的人們的最後邊疆，顯現出了勞工黨保護窮人的立場長期以來一直是錯誤的。不過也由於亞馬遜雨林對巴西的經濟和政治中心是個遙遠的地方，這樣的聲音始終一直被忽視。

海孟妲想發言。

「我想再補充一點：這條河生病了，魚兒都像被下毒般因缺氧而暈頭轉向的。沒有人知道欣古河上的這個怪物有多巨大。當它啟動時，沒有人知道會發生什麼，沒有人。」

讓貝羅・蒙契上線運作，唯一缺少的就只差使用執照了。海孟妲和所有屬於這條河的人們都害怕這一點，就像是有人預期會聽到世界將在耶誕節前結束一樣。

中斷

「貝羅怪物」阻斷了海孟妲與瓊昂的人生

瓊昂的雙腳和聲音被鎖在北能源公司的辦公室之後，他再也不是那個曾走過不同的巴西與不同飢餓經驗的人了。二〇一五年五月，海孟妲帶他去貝倫尋求治療，預計三個月後回來。與此同時，他們的女兒陸續搬出了阿爾塔米拉的房子。她們知道如果母親在城裡，她是不會接受這結果的，她會堅持直到合理的價格出現。海孟妲與瓊昂回來的時候，他們已經沒有「外面」的家了。作為交換條件，他們獲得了兩萬四千美元，但這遠遠不夠買一間同樣大小、品質與位置的房子。

海孟妲從鄰居被拆除的房子裡回收了三千五百個磚塊，準備用來建造他們自己在城外的房子。這對夫婦擁有的一艘獨木舟，如今成了一個流離失所的物件，停放在離河道幾英里的乾燥土地上。海孟妲打算在房子完成後將它做為一張長凳，訪客來時可以使用。

曾經與瓊昂、海孟妲一起生活在島上的三隻狗，其中兩隻因為無法忍受在城市中被拴住的生活而死去。第一隻死去的是Barão do Triunfo，勝利男爵，一隻大型巴西獒犬的混種，以前總是在獨木舟的船頭守衛著他們的房子。「我給牠取這個名字是因為牠是個貴族。」海孟妲解釋道。薛娜（Xena）是第二隻被發現死去的狗，牠是隻鬥牛犬。會被取名為薛娜，是因為牠「與電影和卡通裡的公主一樣專制」。「我不能讓牠們在路上亂跑，在城市裡牠們變得很暴力。但我不知道牠們會這樣死去，如果我知道，就會讓牠們自由地死去。而牠們死在了項圈下。」充滿內疚的海孟妲哀嘆道。「就像我自己，我不知道自己是否能擺脫北能源給我的這個項圈枷鎖。我到處閒逛、迷路，前往一個不再存在的家。」最後只剩下一條土狗Negão，大黑仔，「一條不那麼容易興奮的狗」。Negão既不是以公主也不是以男爵的名字來取名，牠和牠的主人海孟妲一樣，堅忍不拔地活著。

為了取得「證據」，海孟妲用照片與影片記錄下自己被迫離開的過程。她把這分為貝羅．蒙契「之前」、「期間」與「之後」。於「期間」的這個階段，她有兩個女兒分別在水壩工程工作，一個在廚房，另外一個在機械車間。海孟妲與她們爭執了起來。「這就像賭博贏錢一樣，你不能這樣對我。」她生氣地對著她們說。「雖然花了一點時間，但我還是救出了我的兩個女兒。」她手上拿著粉紅色的相機，甚至還拍下了國家公共安全部隊保護著貝羅．蒙契不受民眾破壞的畫面。「你看看，他們認為我是威脅。」

海孟妲一邊用著過時的手機翻看照片，一邊講述著自己的旅程。

貝羅．蒙契之前的生活：「我記錄了自己等待著未來的整個歷史，而未來就在這裡。在貝羅．蒙契之前，這是我的故事。你看，我的房子。我的花園，我的小果園，全都整齊、乾淨。全都打掃過，很有秩序的。這是我的老伴和他的田地，他正在整理土地。這是用來治病的檸檬草，治腹瀉之類的。這是金湯匙，重到都垂下來，應該是快熟了。你看這些金湯匙果樹的根部！他們都燒掉了。全部都燒毀了。你看，這是朋友來看我。這是木薯樹，看起來長得又好又漂亮。你看這個，是我的狗Negão。對他們來說，這完全算不上什麼，不過對我來說，這就是一切。這是我之前說的那個朋友，就是這個，我的佛肚樹。我回到家第一眼就會先看到我的佛肚樹。這裡還有河岸。還有這裡，我的另一隻狗，因為不習慣項圈，悲傷地死去了，是我把牠拴起來的。我們大概就停在這裡吧。」

貝羅．蒙特期間的生活：「現在我要向你們展示的是貝羅．蒙特期間的生活。一個反反覆覆的過程。這是我的船。在這裡。這是我的瓦斯爐，我的柴爐……住在河岸邊真令人愉快，如果你瞭解這是怎麼回事的話。如果你不懂，你就不會感激它。我先生正在耕種……看這裡。他正在種木薯，不過就要下雨了，所以他在做些預防工作。我的狗，再也見不到了……這是另外一隻，這隻也死了。我的老伴。我們共同生活了三十八年，一直在一起。我收割，他耕種。今天他坐在椅子上，等著我們的房子完工。這個是週末我圍起來的一小塊地，因為有養雞，這樣圍起來我可以種些蔥。不過沒有用，因為那些雞跑得比我還快。這是我的藍眼睛白種老男人，我的夢中情人。今天他……我告訴他，他並不是沒用的，因為我還能看到他在我面前，所以他仍然是我的夢中情人。這邊還有島的另外一個角度，是比較有產值的地方。給你看一些被他們燒毀的植物。那些比較靠近房子的，他們把它們全都燒掉了。這是冬天的時候。你看，我們在漲潮期間種植與收割的東西，漲潮總是會在某個特定的日期到來。看看我的菜園：大蔥、香芹……我正在摘番茄、生薑。那是用來治頭痛、腹瀉、腹脹的。家庭常備藥草。然後這個是我，在水裡頭，我很喜歡水。這是我被一條蛇給嚇到，牠先是跑在我前面，然後我就去追牠，不過牠跑得比我快多了，就讓牠跑掉了。這是冬天我們睡在吊床上。我的孫子，他放假時過來和我一起住了段時間。我的檸檬草植物。它在水裡也不會死，你看，有一小部分會在水下面。只有葉子被蓋住了它才會死掉，但如果能呼吸就不會死。我的房子，就是北能源否定的那棟房子。一棵香蕉樹……你看，裝滿了一捆捆的香蕉。木薯長得很好，很高。你看這裡的玉米，滿滿一粒一粒的玉米。這又是我被蛇嚇到，牠怕我，我也怕牠。這個是這裡……這是一個關於島上生活的故事結尾，這對我來說很重要，因為我並非住在島上，我是依賴它生活，它也依賴著我生活，我們就像是朋友一樣。鳳梨。更多的玉米。你看那邊的玉米。你看這串香蕉有多大。我找給你看看。你看，這個不僅僅是可以吃的水果，還是被昆蟲咬傷時的解藥。有些漁民是住在島上，而我是活在島上。我養育了它，它也養育了我，我們是朋友，你明白嗎？我來給你們看一張照片，在這張照片中河流消失了，它離開了。」

貝羅・蒙契之後的生活：「我一直在想：我不想離開的那天，會是什麼時候？我女婿說都太晚了，沒有什麼可以做的了，就這樣吧。我告訴他我還有希望。這是我在告訴自己的那些植物說我要走了，但我還會回來的。但那是謊言，我並沒有回去。我的老伴在想他將來會不會回去：『你認為我還會回來嗎？』我告訴他說：『我不知道，只有上帝曉得。』你看，我在這裡凝視著地平線，祈求上帝讓我們留在島上。我的丈夫正在哭泣。這裡全都燒了，北能源把它燒了。看看這個。所有我給你看的東西，那個金湯匙果樹，多麼美麗。你看在這裡，被烤焦了。我去了那裡，又錄了一遍。我錄下了貝羅・蒙契的之前、期間、之後。你看看這裡。沒有什麼剩下的了。他們說犯罪總會留下一些證據的，這就是他們留下的。你看看這裡。有罪不罰的現象之所以存在，是因為正義沒有發聲。只要正義還戴著那個眼罩，就像是他們在巴西利亞做的那尊雕像，她就像是那個樣子。正義只會看到她想看到的人。她若不想要，就看不到他。」

海孟妲想寫一本書，她已經想好了書名：《漁夫的故事：貝羅・蒙契之前、期間與之後》。她開始相信她唯一的歸宿就是自己的墳墓。她已經訂好了裹屍布：「白色緞面，象徵和平」。

僵局

第三幕

在為新房子繪製設計圖時，海孟妲確保了它不會跟那棟被摧毀的房子太相似。「我不想要一扇從前面進去的門，我想要一扇從側面進去的門，因為我希望自己的未來有所不同，所以想要從家裡的基礎設施開始。」她解釋道。「當我走進現在這個房子，我不想覺得自己是在另一個房子裡。」海孟妲在新房子裡找到了自己的路。房子還在建造中：牆是綠色的「因為這是未來的希望」；護壁板是咖啡色的，代表著是「水壩的屏障」：窗框是黑色的，意味著「捍衛抵抗」。

「我生活中的每件事都有一個故事。」她說。還有就是海孟妲是個意義的創造者，她這一生都在將它們一個接一個地縫合起來。瓊昂則不是，他癱瘓的那一天就失去了尋找生命意義的能力。在他的內心裡，他一直被鎖著。他就像一個望著太陽的人，過度的光芒使他盲目。他不知道要如何回去，也不知道他的目的地是哪裡，因為那裡已經無處可去了。「我把線的末端弄丟了。我今天在這房子裡面，但事實是我一直都沒有房子。

你明白嗎？我人在外面。我迷路了，我不知道自己在哪裡。我迷失了方向。」他怒火中燒，眼睛就像亞馬遜暴風雨中的一條河。「我比迪爾瑪更糟糕，因為她迷失了國家的方向，而我卻迷了回家的方向。」

這就是今天瓊昂與海孟妲之間的僵局。

海孟妲說：「我是一棵pindova，那是每個住在馬蘭豪州的人都渴求的一種棕櫚樹。當貝羅．蒙契扯下我的樹皮越多，我就越振作。而我的內心被燒毀了，就像我的島一樣，但我復原了。Pindova就是這樣，沒有人能用火燒或拉扯將它消滅。它會復活的，就像我一樣。我來自那些天生就飽經苦難的人們，苦難是我們歷史的一部分，我不會因為挨打就死去，那是不可能的。我的祖先是奴隸，也是一族幾乎滅絕的原住民。我來自那些飽受苦難的人們。我是一棵pindova，我想活下去。」

瓊昂的回答，就好像他們兩個人正在進行一場詩意的對話：

「但我不是那樣的人。當我失去了這座島，我就失去了自己的生命。我迷路了。就這樣結束了，你明白嗎？從現在起，我眼中只有黑暗，我再也看不見一個清晰的世界了。除了黑暗，我什麼也看不見。我待在這裡看著世界，找尋我自己。誰能回應我這個搜尋？沒有人。我生命中有個洞，我生命中有個洞……」

二〇一五年九月四日，這個僵局達到了高峰。那天，瓊昂在家裡「發瘋」。海孟妲講述了事情發生的經過：

「瓊昂要我們全家人都到被燒毀的島上去，他要如烈士般地犧牲自己。他想在那裡自殺，以表示抗議。我說了我不會去，也不會讓他去。我警告他，如果他在島上自殺了，我會把他留在那裡讓禿鷲吃掉，這就是我把他的獨木舟拿走的原因。在這條河上，他可以去任何地方，划船或游泳都可以，但在馬路上，他會迷路。」

瓊昂以殘忍的詩句當作收尾：

「我要讓全世界都知道貝羅．蒙契把我殺了。」

16 囚禁 Captivity

南薩普卡亞（Sapucaia do Sul）動物園曾經圈養過一隻名為阿雷蒙（Alemão）[1]的猴子。阿雷蒙在一個晴朗的星期天成功地打開鎖逃了出去。廣闊的世界正在等著他，森林裡頭的樹都在他觸手可及的地方，風在他耳邊低語承諾著。阿雷蒙擁有所有的這一切。他這一生都在試圖打開那把鎖，但當他成功時卻背棄了這一切。阿雷蒙並沒有投入到那個未知與沒有保障的自由中，而是走進了擠滿了遊客的餐廳。他抓起一杯啤酒，坐在吧台前大口地喝了下去。人類驚恐地逃跑了。

他們為什麼要逃跑？

猴子變成了人。

這個真實故事中，令人不安的不是人類與猴子的相似之處，這一切都與達爾文一

1〔譯註〕Alemão，葡文有「德國人」之意。

樣古老。可怕的是，就像人類一樣，猴子背棄了自由，然後去了酒吧喝了杯啤酒。

動物園的作用有很多，其中某些具有教化意義。不過動物園的主要作用，是當人類站在籠子前面時，讓他們有機會確保自己的自由，以及作為這個物種的優越感，然後他們可以帶著十五年的房屋貸款回到自己的公寓，對生活感到無比的滿足；打開鐵製的門欄，滿足於鑰匙圈上一把把的鑰匙，接著坐在電視機前面的沙發上。週一早上醒來，快樂地上班打卡，快樂地做著人，自由自在。

參觀動物園的方式有兩種：純真或不純真。前者比較容易，而且是保證滿意的唯一途徑。後者可能會被證明是對著鏡子的陰鬱之旅，沒有魅力，也沒有回頭路。

如果你願意，那就跟上來吧。

這隻神聖的狒狒有一個很普通的巴西名字：貝多（Beto）[2]。最危險的一種憤怒，即無能為力，潛伏在他的眼睛與思想融合之處。貝多在籠子裡轉來轉去，敲打著柵欄。他朝遊客扔擲食物與糞便。如果他的伴侶不聽話，他就會打她。沒有他的允許，她不能說話，沒有他的默許，她不能動彈。如果她做了，貝多就會把她銬起來。如果他們把她和他分開，貝多的情況會更糟。他會開始撕扯自己的身體。發作期間，貝多每天得服用十毫克的煩寧（Valim）。

孟加拉虎是偽裝的國王。牠們有聲音、有肌肉，牠們是雄偉的，但牠們在囚禁中出生，當牠們進入這個世界時，本質就跟著被剝奪了。這是個永遠不會實現的願望。牠們能發現潮濕的亞洲叢林，卻辨識不出天上的星星。當太陽穿越大都會地區時，牠們被關在石頭洞穴裡，帶著幽閉恐懼。對於一個吃著屠宰場來的馬肉的獵人來說，獵食是毫無意義的。對於一個蜷縮著身體睡覺的人來說，憤怒是毫無意義的，牠被放逐的不是牠過去的樣子，而是牠原本可能會成為、現在卻永遠無法成為的樣子。

多年前，牠們的某個曾祖父爬上看守人的階梯，向牆外張望。這是牠們當中走得最遠的一個了。這些孟加拉虎相當強大，但當牠們猶如奴隸般被關進黑暗洞穴，牠們會背對著如諾言般升起的月亮，受著壓迫、順從地走進自己的籠子。牠們是森林中最可憐的野獸。

那隻安第斯熊名叫貝波莎（Peposa），她就好像是隻絨毛玩具。她的兒子叫雷朋（Rayban），也相當可愛。雷朋出生後，貝波莎做了母親常做的事：教他放棄的藝術。她按照預定的時間拉著他的耳朵，把他拖到洞穴的深處。雷朋是出於己意跑出去的，他每

2〔譯註〕Beto，Roberto的簡稱。

天都不聽媽媽的話，總是跑出洞穴嘗試掙脫。雷朋從來沒有呼吸過屬於他祖先山脈的那種寒冷芳香，所以他猜不出山的另一邊是什麼。不過他憑直覺就知道了，因為他只是個幼崽，還沒有放棄追逐。

娉琪（Pinky）獨自生活著。另外兩隻大象，奈莉（Nely）與摩翰（Mohan）掉落坑洞裡死了。這些坑洞是大象的監獄。摩翰被困了六年，因為屬於他這個物種的囚禁所還沒有準備好。當他們釋放他時，他只堅持了三個月。他是為了嘗試獲得自由而死的……或者就像是隻在動物園裡遊蕩的狗，被發現時已被撕成了碎片。他們三個當中，奈莉總是最不聽話。十九年前，她殺害了一名訪客；他是來自米納斯吉拉斯州（Minas Gerais）的克里西烏瑪（Criciúma），當時正在慶祝退休，他才剛從煤礦工作的淒涼寂寞中解脫出來，爬到了奈莉身上。她把他甩到地上然後壓碎了他的頭。大象與人類的悲劇竟是如此相似。

奈莉總共掉落坑洞三次。有一次，她失去了部分的腹部與乳房，但她沒有放棄。第三次在試著脫離坑洞的過程中，她死了。大象娉琪吸取了這些教訓，她沒有忘記並說服自己，對任何敢於超越允許範圍的人來說，無情是一種懲罰。

從這次顛覆性的動物園之旅中獲得的見解是，動物是在囚禁中培養出人性的。監禁剝奪了牠們的生命、慾望與追求，牠們會越來越像那些尋找著牠們的人，終究會找到確切的不在場證明。所以問題是很危險的：

如果你找到了能打開生命無形之鎖的鑰匙會發生什麼呢？如果你跳出了日常生活的那個坑洞呢？如果你步上大象的後塵呢？

也許走到吧台去喝杯冰啤酒會更容易些。

17 餵養孩子們的女人 The Woman Who Nourished

「這太奇怪了。」她說。「我這輩子都在計算著時間，一切都按計劃進行。退休的時候，我把手錶扯下來給丟了。我以為自己終於自由了，然後疾病就來了。當我終於有了時間，卻發現自己的時間到了。」

這種生活的背叛激起了她的興趣。她在說話時，表情帶有一種困惑。阿利希・德・歐利斐拉・索爾沙（Alice de Oliveira Souza）不是哲學家，她是個退休的「merendeira」，學校食堂的阿姨。她的一生都是非常具體的，有時甚至是殘酷的。她的一生曾是一連串行動組成的，如今死亡降臨則要求隱喻。

外頭陽光明媚，她的鄰居們正享受著馬努埃爾・本疊拉（Manuel Bandeira）[1]詩文裡的第一段：「當葬禮經過，咖啡館裡的人們機械式地脫下帽子，心不在焉地表示敬

1〔編註〕馬努埃爾・本疊拉，一八八六—一九六八年，巴西詩人、文學評論家與翻譯家。

意。他們都轉向了生活，沉浸在生活中，對生活充滿信心。」在屋裡，我和她坐在客廳的沙發上，面對著面，過著詩中第二段的生活：「然而，有一個人慢吞吞脫下了帽子，久久盯著棺材。他知道生活是毫無目的激烈攪動，生活就是背叛。」

阿利希一直無法擺脫自己被「這個疾病」背叛了的感覺，或者如她經常說的，是「腫瘤」。她沒有用過癌症這個詞。我們在二〇〇八年三月二十六日相遇，距離她皮膚變黃與經常被噁心感淹沒，已經將近一年了。她正經歷一段對上帝的憤怒時期，祂的背叛。

阿利希的癌症是路中間的一塊石頭，而這條路就是她的膽管。腫瘤堵塞了通道，膽汁無法流出就會釋放進血液裡，使她全身發黃。阿利希獲得這種陽光般的顏色時，還不到六十六歲，她認為自己正享受人生中最美好的時光，「沒有孩子，沒有丈夫，沒有承諾，退休了，自由了。」她總結著。她計劃去米納斯吉拉斯州的歷史小鎮看阿雷賈丁紐（Aleijadinho）[2]的作品，並參觀薩里塔・蒙蒂耶（Sarita Montiel）[3]電影作品中的西班牙。她發現了自己在旅行中可以忘去一切，而且不管目的地是哪裡，當車窗外的風景快速經過，她便覺得自己正在前往那些嚮往著的地方。「你有沒有留意過我們在旅行時的變化？」

阿利希無論去哪兒都是搭公車，她會去參加年長者的舞會，還曾與年紀比她小的男人交往過。「跳舞時我感覺很輕盈，自由，自由，放鬆。」她說。「你能相信嗎？我跳得越多，就越想跳。」她更喜歡一個人跳舞，因為這樣她可以在沒有人引導的情況下，自由地在地板上旋轉。她一直想過自己的生活，所以她在舞池中選擇了自己的舞步，而在她旋轉的身體裡，細胞正無聲地背叛她。

如果癌症是她不會說的詞，那麼自由就是她反覆說著的語彙。再一次，阿利希的生活是確確實實的，而她真的被綁住了；她的生命取決於插在體內的兩條軟管，它們將膽汁從她的身體裡引出，然後排進兩個塑膠容器。在家裡走動時，她會把它們裝在購物袋裡；外出時則是把它們裝在有著迪士尼公主圖案的手提袋中。某次超市的保全對著她裝有膽汁的袋子露出不信任的眼神，他以為她在超市裡行竊。由於不好意思帶著裝有體液的袋子到處走，阿利希漸漸不再出門了。她關掉家裡的音樂，不再跳舞。

2〔編註〕阿雷賈晉紐，十八世紀巴西殖民地時期的雕塑家、建築師，以巴西的許多教堂建築及教堂中的雕塑作品聞名。

3〔編註〕薩里塔・蒙蒂耶，一九二八—二〇一三年，西班牙歌手、演員。

這樣被綁住讓她很害怕。她一生都在反抗，想要逃離那座隱喻的監獄。如今她不再依附那些始終將她與世俗束縛在一起的隱形線段，而是依附於兩根排出她體內被汙染河水的合成軟管。「我認為我們一文不值，看看我身上流出了什麼。」

阿利希不知道會發生什麼事。進到手術室時，她以為只是為了做些複雜的檢查。「醫生唱歌讓我平靜下來，我不記得是什麼歌。麻醉讓我睡著了，醒來時我躺在走廊上的輪床。我抖得很厲害，渾身發冷，冷得要命。我身上蓋著兩條毯子，護士又幫我披上了一條，但我還是不覺得暖和。所以醫生讓他們給我打了一針，讓我平靜下來。然後我看到那些排出來的東西，意識到自己被綁住了。」

她很快就發現我是她生命中的第三條管線。她以前從來沒有機會多談談自己，她喜歡這種排出文字的感覺。「我們一生都在儲存東西。我在說話的時候，感覺就像它們在我體內被釋放。它解放了我。」在這條線的另一端，我也覺得自己與她密不可分。

阿利希是個普通的女人，她從未想過自己的生活可以變成一部小說，甚至是一個新聞故事。她沒有登上過聖母峰或破解DNA的螺旋結構，也沒有譜寫交響樂，她甚至沒有在街上燒掉自己的胸罩。阿利希走過了她的一生。

講述自己的故事時，阿利希開始破解那些過去常常被她忽略的小奇異點，就在那個時間被工作的輪班所吞噬的生活裡頭。阿利希意識到，沒有辦法賦予死亡意義，但她總可以賦予人生意義。只有這樣，她才能忍受自己已經用手觸碰到了一部分死亡的冰冷表面。為了活得離死亡如此之近，她必須去發現生命的脈絡，否則，她剩下的就只有那些合成的軟管了。

阿利希一直想著要「解放自己」，但和我們多數人一樣，她從來沒有辦法真正去定義什麼是自由。然後她意識到，她必須面對的不是醫學而是詩歌：「我們所有人都有一個活著的人生，與另一個思想的人生；而我們唯一擁有的就是這個分為真實與虛假兩面的一生。」

直覺上，阿利希知道自己的理智更多是取決於去面對活著的混亂，而不是死亡的混亂，因為那只是個終點，通常還會是很即興的。然後，透過並非全無痛苦的努力，她可以接受所有這些鬆散的結尾、中斷的模式、扭曲的縫線，去編織她過往的人生。對她來說，最難接受的是有些縫線沒有縫好，或者更糟的，是在沒有她的情況下被縫製。

她是九個孩子中的第四個，是倒數第二個以字母A開頭命名的孩子。阿依爾東（Ailton）、阿彌爾東（Amilton）、阿達依爾東（Adailton）、阿利希（Ailce），然後是阿久爾松（Adilson）、德歐斯得基（Deusdete）、歐斯法爾多（Osvaldo）、裘瑟・阿及能（José Adnnann）與貝蕾尼茜（Berenice）。「我們人很多。」她說，「我只是希望自己能有更多的空間，一個屬於我自己的地方。」生命的盡頭，她不僅擁有一個小角落，而且有個屬於自己的房子。寬敞、兩層樓，這間房子是她辛勤勞動的具體展現，她為了這個家犧牲很多。病了之後，她發現房子成了監獄，她現在想要的就是擺脫它。但每個星期，每個月，她的空間都在縮小。首先，靠街的大門標示著她的世界的邊界，接著是前門；然後，她的領地被限制在二樓。最後，她唯一擁有的就是自己的臥室了。

然後，阿利希在太陽面前關上了窗戶，再也沒有離開她的床。當她知道人可以活在自己的記憶裡，她開始回顧自己的人生旅程。她出生在聖羅芒（São Romão），一個位於米納斯吉拉斯州有著歷史血淚的小鎮。她的童年是在寬闊的聖・弗蘭西斯寇河（São Francisco）與艾斯古魯（Escuro）小溪之間度過的，這條小溪沿著她家的農場流過。她在四面八方都是水的環境中長大，卻害怕游泳。父親曾是船長、警察及治安法官。母親是個堅強的女人，這是她的第二段婚姻，十三歲那年帶著名叫瑪麗雅（Maria）的女兒逃離了第一段婚姻；她總是讓自己的家和孩子們保持著整潔，確保他們穿著鞋子，她也會在純白的毛巾上縫線與刺繡，讓廚房隨時被瀰漫著帶有香味的蒸氣給包圍。

這些嗅覺記憶，由香料、豬皮與母親鐵鍋裡一起烹煮的甜味組成，陪伴著阿利希一輩子；越接近死亡，它們就變得更加生動。當腫瘤釋放的毒素毒害著她的身體，每件事都讓她感到噁心之際，阿利希就會想起豬肉黑豆、小奶酪麵包與木薯餅乾，她被懲罰的嘴就由童年時的唾液來撫慰。阿利希再也吃不下東西了，她盡情回憶著母親做的食物。母親去世多年，而她瘦了四十磅，連上廁所的力氣都沒有，卻仍渴望著聖塔太太的玉米麵包。

阿利希十八歲時離開了父母的家。聖羅芒在她年輕的種種渴望面前慢慢縮小，這個曾經如此寬敞的城市，似乎已經長出了城牆。「在我成長的世界裡，黑人就是黑人，窮人就是窮人，農民就是農民，女傭就是女傭。」她說，「我想向前看。我總是想著去發現新的事物。」

她在地圖上腳一滑，跌落在聖保羅州的瓜魯柳斯（Guarulhos）一個哥哥的家中，在那裡她再次感到被束縛住了。阿利希改變了自己的地理位置，卻沒有改變自己的命運。對她來說，二十世紀六〇年代並不瘋狂。她是個工人，是工廠的女裁縫。在線、針與線軸之間，她第一次聽到關於性的真相。她的一個同事在新婚之夜回來後說，那不僅僅很痛，而且最後有一種粘稠的白色液體會從男人的器官裡噴出來。阿利希把這些訊息歸檔，這樣她就不會在那一刻來臨時顯得驚訝。

大約就在那時，阿利希愛上了一個皮膚白皙、綠眼睛的小伙子。向來很實際的她做起了白日夢。她和另一個房客擠在廚房的一張折疊床上，不怎麼愛笑的阿利希卻談論起愛情，還會無緣無故地笑了起來。某個星期六，她宣布：「我們今晚要穿新裙子去參加舞會。」接著，為自己二十一英寸腰圍自豪的阿利希，替她們每個人都縫製了一條裙子。很久以後，當她想起自己那件藍色透明的柯根紗連衣裙時，她就會忘記那些扎進她肝臟的人造軟管。可是這名英俊的年輕人卻不願與婚姻有任何關係，於是阿利希把自己的心鎖了起來。

從那以後，阿利希每次出門都要打扮一番。二〇〇八年四月二日，位於聖保羅的州立公眾醫院（Hospital do Servidor Público Estadual）緩和療護病房，瑪麗雅．勾雷戚．馬希爾醫生（Dr. Maria Goretti Maciel）在她的病歷表中寫道：「來就診的阿利希看起來非常漂亮，頭髮也染了色、戴著耳環、穿著高跟鞋。」阿利希不只一次穿著高跟鞋、雙腿發抖地住進了醫院。「我很挑剔的。」她解釋著自己的理論——女性在公共場合必須穿得無可挑剔。阿利希失去了自己即使在人生低谷時，依仍可以保持著平衡的高跟鞋之時，她就會死去。也許這就是為什麼她還無法說出「死」這個詞之際，她就使用

「墜落」這個比喻。「我不會掉下去的。」她說。

「我無法忍受摔倒。」

她在二十三歲時做了個務實的決定，嫁給了一個名叫齋彌（Jaime）的工人，是她鄰居的兄弟，年紀比她大十歲。他是個注重自己外表整潔的人，如果不把頭髮與鞋子打理得光亮，就不走出家門。「我不想再住在別人家了，我想要一個自己的地方。」阿利希回憶說。「他誠實、工作努力、穿西裝打領帶、來自好家庭，我就結婚了。」

阿利希不可能知道，這樣傑出的年輕人竟有酗酒的強烈慾望。又或者她未來有很大一部分，將過著那種悲傷以及老套的酒鬼妻子命運。就阿利希而言，最可悲的，是她為自己計劃的獨創性人生完全沒發生。她在結婚證書上簽了字，確信浪漫的愛情只是幻想，不再適合那個等待她的成人世界。也許這是阿利希第一次的投降，儘管她一直做著夢。到了生病的時候，她的結婚戒指早已從手指上消失了。「它不再合手了，」她說「太緊了。」

她的丈夫是個「擁有西班牙血統、情感強烈的人」，所有這些大火，最終燒毀了阿利希。結婚時，第一個孩子早已經藏在她肚子的曲線裡。直到很久以後，她才知道剖腹生出馬寇斯（Marcos）時，她當時的感受有個專有名字。一開始，那是一種強烈的愛，因為她反覆數著他的每一根手指與腳趾，從一加到十，只是為了要確定。然後她開始獨自哭泣，為自己的想法感到羞愧。「我不想要那樣的生活，我想要一個不同的。」她說，「所以我拒絕了。」

許多年之後，週日的電視節目開始討論女性問題時，阿利希鬆了一口氣，因為她發現自己原來當初是得了產後憂鬱症，這在許多女性之間很常見，而非一場存在主義式的危機，讓她去質疑自己的巨大希望到底怎麼了。當媽媽的前幾個星期變成了幾個月後，她重新感受到了對兒子強烈的愛，以致於現在生命快結束時，她仍然認為沒有其他女人能像她這樣照顧自己的兒子。

當第二個新生命宣布在她體內出現，阿利希又哭了。她的丈夫又一次喝得酩酊大醉，爬到床上和她躺在一起。阿利希抓起一條毯子，蜷縮在地板上，她覺得自己被困在了一張未曾計劃的網中，也許這就是她如此害怕蜘蛛的原因？「我哭啊，哭啊，哭啊。這不是我想要的生活。」她說。「然後我平靜了下來。也許我的孩子會是個女孩，而我真的想要個女孩。」露西婀妮（Luciane）出生時很嬌小，對牛奶過敏，具有家族中女性典型的強勢性格；她是個古怪的小女孩，七歲起就躲在母親的床上，這樣她就不會被來自另外一個世界的東西給攻擊。

這兩個截然不同的孩子給了阿利希兩條線，她用它們聯繫起自己即將結束的生命。馬寇斯取得了教育學位後，與阿利希一樣，也參加了公立學校職員的公務員考試。他負責照顧母親身體上的傷口，四十二歲的他是個安靜的人，把自己的情緒鎖在心臟與胃之間的某個地方，很少失去冷靜。他一進房間就窩在角落裡。當母親生了病，他學會了幫她換繃帶、清理排泄物、分配各種藥品、準備她的早餐。

隨著她的身體越來越虛弱，馬寇斯開始替她洗澡。「不要因為我是你的母親而尷尬，兒子。」阿利希說，「當媽的也經常給你洗澡。」正是這個沉默的兒子，用自己的勇氣面對他母親的肉體，將可怕的疾病變成了每天的溫柔。透過他的觸碰，他使得阿利希能夠忍受膽汁在外流動的身體。

當她將自己的身體比作嬰兒以克服母子間的阻隔時，阿利希說起自己失去了身上的女性特質。「疾病奪走了我的一切。我的胸部、臀部、腰圍，一切都沒了。」她說。「沒有什麼剩下的。」因此，阿利希越來越不在意自己赤裸的身體，這個在各個方面背叛了她、似乎只屬於疾病的身體。

露西婀妮的嬌小身影總是在中心。她以語言來填補寂靜，像她的母親一樣，透過行動找到意義。長大後，她接受了超自然的現象成為「聖人之母」（Mãe de Santo），也就是非裔巴西宗教坎東伯雷的女祭司。露西婀妮仔細研究了自己的家族史，發現外祖母是吉普賽人。每年她都會在里約，也是她與先生居住的城市，為一位名叫卡門（Carmen）的祖先舉辦派對，卡門會透過露西婀妮之口用西班牙語來表達。阿利希接受了這個難以理解之謎，雖然她從來沒有學過卡門的語言，但她和卡門聊天就像跟個老朋友一樣。

露西婀妮替她母親的生命增添了些神祕色彩。經由這個女兒，阿利希在一個對她來說始終如此具體的世界中，找到了一種存在方式的意義。露西婀妮給了母親一段超越她自己的歷史，並讓她在這段歷史中占有一席之地。接近尾聲時，阿利希小小的生命將在一個更大的織錦中有了意義。每年十一月，阿利希都是負責點燃祖先之火的那個人，她穿著五顏六色的裙子，身影籠罩在一種莊嚴裡，抵抗著那單調乏味的打卡人生。然後，她隨著吉卜賽小提琴的聲音旋轉著，最後她的雙腳懸在空中，甚至沒有觸碰到地面。她觸摸到了一種只有過往曾感受到的自由，因為她出生前有過去，死後有未來。

作為這幅家庭畫像的觀察者，我有時會感到不太舒服，我時而在畫框內，時而在畫框外。我問自己，這些孩子是否以自己的方式理解他們給母親帶來的重要性。正如他們有時認為的那樣，兩者並非不可調和，而是互補的。阿利希需要他們各自能給她的，直到最後。

阿利希在醫院的另一個部門接受了七個月的治療後，某天被送到緩和療護中心，她才發現了自己的腫瘤。她懷疑診斷結果，但寧願不確定。在緩和療護中，真相讓她陷入困境。「以前，醫生會用他們的語言說話，科學語言，我聽不懂。我偶爾會聽到腫瘤這個詞，但我從來沒問過。」她說。「結果他們在緩和療護時告訴我，我便開始發問：『醫生，請問我的病嚴重嗎？』醫生說那是個腫瘤。我問他們是不是惡性的，他們說是的。那不能動手術嗎？然後他們畫了一張圖，向我說明腫瘤是如何長在一個不能亂動的地方。我想，好吧，它不能被移除，但我可以做化療好起來。腫瘤學家說我不能做化療。於是我才真的明白。我非常沮喪，我想上帝不存在；而我，一直想要走得更遠，現在卻哪兒也去不了。」

阿利希講了這個故事後，立刻「忘記」診斷結果。隨後的幾次探訪，她試探我：「我覺得自己身體裡已經沒有任何東西了。」阿利希非常希望我能證實她的這個神奇想法。這種時刻，我的喉嚨會被這些自己說不出來卻很想說的話給弄痛。

由於無法應付我的沉默，她閃爍其詞。「幸好我一點都不痛。我無法承受疼痛。」

羅爾吉絲（Lourdes）被雇用來打掃房間、做飯與照顧阿利希，是來拯救她的。「你沒有得癌症。我有個得了癌症的阿姨，她痛得尖叫起來，而且身上很難聞，氣味難聞到沒人敢靠近她。你沒什麼味道，我幫你換的床單與衣服一點味道都沒有。在我看來，你什麼都沒有。」那房子只住著兩個女人，其中一個被判了死刑。她們用眼角的餘光看著我，擔心我會用自己的言語去破壞他們奇蹟中的脆弱平衡。

現在是四月初，阿利希很高興，因為她的食慾恢復了。這是緩和療護的結果，可以緩解噁心與所有症狀。「我午餐吃了兩盤。」她說。阿利希細心照顧著她的蘭花、與她的植物們交談、在土壤裡弄髒自己的手、出現在家庭聚會上。她有了買新衣服的衝動以及坐公車穿越城市的念頭。她渴望那些現在已經變得稀罕無比的平凡活動：洗澡時，水從身上傾瀉而下，不用去擔心可能傷到排放膽汁的位置；趴著睡覺，她再也沒辦法這樣做了。阿利希過著陽光明媚的日子。她正吃著，她痊癒了。

我也需要吃東西。她不會讓我離開她的家，除非我接受她給的那份蛋糕、奶酪麵包，或是餅乾。對於在農村長大的我，我能理解這樣的一種儀式。後來我才意識到，對阿利希來說，提供食物是生命的關鍵。她以九．五分（滿分十分）的成績通過了公務員考試，成為了學校食堂的阿姨。二十七年來，她一直在為貧窮的孩子提供食物。

星期一早上，她會用一杯牛奶歡迎他們，這樣他們就有力氣進入教室。讓他們活著是她的任務。正是她創造了奇蹟，讓餓得快昏倒的孩子們在操場上跑來跑去。

阿利希喜歡這種力量。她的父親曾經想支付讓她轉職教師的學費，但她不感興趣。她想成為護士，但沒成功。填飽飢餓孩子的肚子，使她的生命變得偉大。「我從來沒有遲到過。生病時還是繼續工作，因為我知道他們需要我。他們都是窮孩子，你知道嗎？天啊，那些孩子吃東西都是狼吞虎嚥。我會做湯、巧克力牛奶、布丁，真的很好吃。有時我會煮六個十加侖鍋的食物，他們會統統吃光，一點都不剩。週一常常會有很多孩子昏倒、生病，因為他們在週末沒有食物可以吃，所以到了週一，他們就會面色蒼蒼、嘴唇發白。你知道嗎？事情就是這樣。他們會吃光的，可憐的小東西，我想他們就只在這裡有東西吃了。在學校之外我什麼也做不了，但他們在這裡可以吃得很飽。」

阿利希被送往緩和療護之前，一位缺乏勇氣告訴她真相的醫生說：「你需要多吃才能長胖。然後，當你更強壯、更有精力，我們就可以動手術了。」他不知道這對她有什麼影響。吃、變強壯、變好一直是阿利希的人生準則，對她來說這一切都是有意義的。

在過世的前幾個星期，她的指甲還抱著希望。緩和療護的醫生很篤定地告訴她，腫瘤無法切除，但她仍堅守在他們給她的唯一機會裡。一個認為她還有治癒可能的醫生，跟其他只提供真相的醫生之間，顯然她更願意相信前者。因此，她現在有責任讓自己變得更好。但她，這個總在填飽別人肚子的女人，卻無法填飽自己的肚子，噁心感讓她無法進食。她還不夠強壯不能做手術，沒有手術就無法治癒。她的安魂曲到達了最戲劇性的音符：阿利希不僅會死，而這將是她自己的錯。

五月中旬，阿利希的病情開始惡化。反胃再次襲來，食物也嚥不下去了。緩和療護的家庭護理團隊比以往任何時候都更加勤奮。他們疏通了她的排放管，更換了敷料，盡了一切可能讓她不用整天躺在醫院的病床上。她的藥物在會診時做了更換，而她的病情已經到了關鍵階段。她因絕望而精疲力竭，因為她無法提供自己營養。她向醫生要求那種可以「開胃」的藥物。不過食物並沒有照她所吩咐的去做，所有的調味在她的口中都變苦了。阿利希責怪那個代替她在廚房工作的女人，沒有為她做出她終其一生為那些飢餓至暈倒邊緣的孩子所做的。在她家庭的親密關係裡，對這兩個女人來說，是充滿戲劇性的時刻。阿利希達到了令人難以忍受的地步：總是在滋養著別人的她，將因為無法進食而死去。

阿利希雖然身高只有四英尺七英寸，不過打起架來卻好似有著女排球員的體魄一般。到了六月，她已經很難把杯子端到嘴邊而不把水灑出來，或需要把一條腿放在另一條腿前面，才有辦法走路，但這些她全都做了。渾身發抖、充滿了憤怒，「把你的手從我的手臂上拿開，我可以自己走。」她說。「但你會倒下的。」她女兒焦急的回答。「我不會。」她反駁道。她的女兒試著給她咖啡加牛奶，她咬著牙說「我得自己喝」。她把咖啡灑了出來，雖然她是那個用雙手捧著杯子的人。我問阿利希為什麼拿著杯子這麼重要。「我必須做我自己，明白嗎？」我意識到，當她再也拿不住杯子時，她就會死去。當最後一絲自主的力量從她發黃的手中滑落到地板上，她就會死去。

大約在這個時候，阿利希處於不可能的邊緣：她「忘記」了疾病，但疾病並沒有忘記她。她責怪醫生，因為她沒有看到任何「進展」。至少有兩次，家人曾經考慮咨詢其他專家、不同的醫院。後來他們改變了主意。他們害怕會診結束時聽到的東西，寧願不要去破壞這個僅剩的懷疑空間。

接著暴風雨來了。六月十九日的早晨，經過一夜的噩夢，阿利希宣布自己想要死去。在我看來她並不是這樣想的，她的意思正好相反，是想活下去的。她以一種激烈的方式在尋求幫助。一個小時後，我在醫院的自助餐廳找到了她，她的眼睛泛著淚水、雙手顫抖，跟兩個陌生的女人坐在一起，她們在告訴她關於「不可能的上帝」。

等待看診時，阿利希反問道：「我想知道到底怎麼了，我沒有看到任何的改善。他們進行心臟手術的時候，必須把一根神經連接到另一根神經上，他們會設法解決問題。他們為什麼不把我體內的東西綁起來呢？」阿利希不僅忘記了許久之前醫生的解釋，也忘了兩個月前跟我說的話。這是我第一次介入：「等一下會診的時候，告訴他們你所有的感受，讓你所有的疑問得到答案。」

醫生溫柔地擁抱著阿利希。陽光透過窗戶照了進來，彷彿把兩個面對面坐著的女人連結在一起，明亮得像是在舞台上一樣。阿利希說：「我不知道自己是得了什麼病。」瑪麗雅・勾雷戚・馬希爾醫生回答說：「你不記得我們第一次的談話了嗎？」阿利希不記得。「我告訴過你路中間有一塊石頭。」醫生引用了詩人卡洛斯・德魯蒙・德・恩德拉吉（Carlos Drummond de Andrade）的話說道。阿利希又聽了一遍解釋，她的眼睛再一次跟著醫生的手勾勒出的、關於她身體裡死亡的結構。「你就不能從這裡跳過去把它們放在一起嗎？」馬希爾醫生說：「沒有辦法，很不幸的是我們不能建造高架橋。」這一次，阿利希繼續問道：「所以是沒有治癒的方法了？所以這將一直持續到……」然後她就中斷了句子。

醫生的手機響了，鈴聲是電影《不可能的任務》的主題曲。她掛斷了電話。「每個人的生命都有結束的一天。你的，我的。」醫生說。「Palliative來自拉丁語pallium，意思是斗篷。這就是我們在這裡所做的，我們把疾病掩蓋起來。腫瘤會向體內釋放毒素，進而引發症狀。藥物能刺激食慾、緩解噁心、減輕焦慮，但總有一天我們將無法緩解這些症狀。當那一天來臨，我對你的承諾就是永遠不會拋棄你。我們會照顧你直到最後一刻。」

阿利希直挺地站了起來，眼睛乾乾的離開了醫生的辦公室。她穿著高跟鞋。接著她失足，差點踩空。那是第一次她抓住我的手臂來支撐。不過她還是那個她：「你覺得如果我再胖一點，他們是不是就可以幫我動手術了？」我第一次允許自己說話：「醫生說的每句話我都聽見了，這跟你是胖是瘦都沒關係，它們從來就不重要。這不是你的錯，而是腫瘤長在了無法切除的地方。」她斜眼看著我說：「我想他們已經告訴過我了，但我不可能記住所有的事。」

到了七月，阿利希不再下床，甚至不再打開窗戶，一頭鑽進不依賴於地球自轉的黑暗中，她寧願把太陽留在外面。她穿尿布是因為自己上不了廁所，天氣熱的時候也覺得冷。但她還是會講故事，而且不讓我離開她的房子，除非我再吃另一份她給的蛋糕。「是過去讓我們活著，難道你不知道嗎？」

七月月十四日星期一，她的房間瀰漫著死亡的氣息，躺在床上的她，身體似乎變得更小了。「我的時間不多了。」她說。我知道這是真的，因為她已經停止抗爭了。她的怒氣漸漸消盡，聲音變得柔和。阿利希喝水時還是用自己的雙手拿著杯子，抱怨著水的味道嘗起來很苦。她一直很害怕疼痛，而疼痛來了。「我被綁在裡面。我聞到一股霉味。」

阿利希描述了自己家族中所有的死亡：她的父親，死在家裡；她的母親，死在醫院；她的丈夫得了南美錐蟲病；她的哥哥，死於一場事故。清點完這些結局，她總結道：「現在是我走到了盡頭。」

夜裡痛得更厲害了，阿利希讓她的女兒找黑老頭（Preto Velho）來，一個在非裔巴西宗教裡有著許多名字的精神嚮導。當他透過露西婀妮的口顯靈時，阿利希懇求道：「帶我走，沒有什麼能把我和這個世界聯繫在一起了。」黑老頭跟她開玩笑：「沒那麼容易，我的女兒，天堂還排著隊呢！我去看看能不能給你找個照顧孩子的工作。」在這個神祕的協議中，黑老頭向阿利希保證會在這個星期結束前帶她走。在一次私下的談話裡，他向阿利希的家人解釋道：「已經擴散得到處都是了，她覺得身體裡長著很多的小刺。」

我苦苦思索該如何形容這個夜晚，我得出的結論是：死亡是她的。阿利希有信仰，而且是非常普世的。自從發病以來，她從未拒絕過精神上的幫助，每週她都接受天主教志願者的聖餐，而且她從未拒絕過神父或牧師的幫助。但在生命中最漫長的夜晚，是那個被她稱作黑老頭的安撫著她。「我要走了，但我還會回來的。」他說。「我會和你在一起，握著你的手。我會為你準備好一條綴著百合花的路，讓你跨過。我們都老了。我會把拐杖和凳子借給你。當我累了，你站起來我坐下。當你累了，我起來你坐著。你沒有生病，是你的身體生病了。你的靈魂是乾淨的。你是一朵花。」

第二天早上，阿利希最後一次離開家，也是最後一次下樓梯。因為沒有力氣，最後她是被抬下樓去的。她光著腳，不再碰觸到地面。羅爾吉絲啜泣著並答應將門關緊。鸚鵡好幾天沒吃東西了。她的狗都嘎（Dunga）看到她經過時，躲在狗窩裡悲嗥起來。向居住於其中的女人告別時，這間房子似乎也陷入了死亡的痛苦之中。

阿利希在緩和療護病房的床上時，讓我脫掉她的襪子。「我不喜歡被困住的感覺。」她解釋道。她快死了，腳趾甲塗成了粉紅色。然後她問道：「我想，你寫的關於我的故事快結束了。你覺得呢？」我膽怯地說：「我不知道。」她用她的黃眼睛盯著我：「你不知道？」我撒謊了。「我不認為有什麼遺漏的。」我們都知道還缺了死亡。

我必須說：「這是個美好的人生。」她想要再次確認：「你這麼認為嗎？耶莉娥妮？」我向她保證：「你一直在爭取自己想要的東西，養育你的孩子，建造你夢想的房子，餵飽那麼多飢餓的孩子。你活過了。」然後她總結道，讓我不要忘記：「我所做的這一切，從來沒要求過任何人什麼。」

藥物開始起作用，她安穩地睡著了。菲蘇卡・畑中醫生（Veruska Hatanaka）的工作是讓阿利希感覺不到疼痛，讓她可以向家人說再見。這是個精細的化學工程。露西婀妮高燒到華氏一〇四度[4]，她感受到了母親的所有痛苦。馬寇斯帶著妻子來跟她的婆婆和解。阿利希試著微笑，問起她唯一的孫子，六歲的哈蒙（Ramom）。她偶爾醒來要水喝，並堅持自己拿著杯子。「現在水變得比較甜了。」她說。阿利希不再感覺到餓，這也讓她不再覺得痛苦了。但那天夜裡很晚時，她睜開眼睛，問我吃飯了沒有。

週三和週四，阿利希一直在睡覺。她的兄弟、鄰居與朋友輪流圍著她的床，他們講述了她的人生故事。她的小弟把他的大手放在她的臉上，那是雙工人的手。他哭著說：「我很愛你。你想讓我為你做點什麼嗎？你要喝咖啡嗎？要我幫你拿杯咖啡嗎？」她睜開眼睛，認出了他，喃喃地說：「我也愛你。」然後又睡著了。「我們過去睡在廚房裡的同一張折疊床上。」一位女性友人說著。「我跟一個長得很像貓王的男孩交往時，她正在跟毛里修（Maurício）約會，一個綠眼睛的金髮帥哥。」她邊哭邊笑著說。「我爸爸瘋狂地愛著她。」露西婀妮說。

如果在這個瞬間拍上一張照片，那麼你會看到阿利希躺在床上，家人圍繞在她身旁，看起來像是舞台劇的實境秀。他們每個人都有動作，她卻沒有。他們都在談論著她，她卻不在那裡。阿利希要準備下台了，沒有了她，那裡每個人的生活仍將繼續。當她死去，存在的碎片以記憶的形式在她周圍飛舞。但阿利希還是能聽見，每當有人念出她孫子的名字，她就會睜開眼睛。在我們獨處時，我說：「非常感謝你告訴我自己的故事，我會寫一篇關於你的精彩報導。我將永遠永遠不會忘記你。」我意識到從來沒有人如此信任我。很多時候，我是她生命中唯一的見證人。我要寫了，她就會死去。阿利希相信我能寫出一個她永遠不會讀到的故事。

七月十八日，星期五，阿利希洗澡後醒來。她沒有休息，她說的話很難理解。她要求喝水，但現在必須將一塊紗布弄濕後，放在她的嘴唇之間。她飽受折磨，在床上輾轉

4〔編註〕約攝氏四十度。

反側，沒有人知道她從哪裡找到力量來扭曲她那被蹂躪的身體。排放膽汁的管子再也沒有東西流出。阿利希開始扯開她的衣服，最後一絲不掛。中午前刻，茱莉安娜・蒙得羅・德・巴霍斯醫生（Juliana Monteiro de Barros）將她從合成管線的生活中解放出來。阿利希終於自由了。

她的孩子們來到時，阿利希認出了他們。她一直在等他們，然後她又睡著了。下午三點十五分，她突然睜開眼睛。她是清醒的。當媽媽的眼睛在房間裡轉來轉去時，露西婀妮說：「媽媽，我們來跳舞吧！讓我們穿上衣服去跳舞吧！你穿得像個吉普賽人一樣，看起來很美。你已經痊癒了，你的體內已經沒有任何東西了。別害怕，我牽著你的手，我會幫你跨越過去的。大家都在等著你。我非常愛你，媽媽。謝謝你所做的一切。」

她的女兒用白色花瓣勾勒出母親身體的輪廓。阿利希的眼中充滿了無限的悲傷，她的眼睛掃視著房間，然後盯著相機。慢慢地，她的呼吸消逝了。

致謝
Acknowledgment

我必需為這本書感謝許多人。首先，是每個打開家門、生活，告訴我自身故事的人。這是一個寬大的表示，也很冒險，謝謝你們！

把我帶到格瑞沃夫出版（Graywolf）與格蘭塔圖書（Granta）的新聞故事（〈瓊昂請求海孟妲一同以死作為犧牲〉），首次翻譯成英文發表於二〇一六年出版的美國筆會刊物《他方之言》（*Glossolalia*）的〈巴西女性寫作〉（Women Writing Brazil）特刊上。我非常感謝共同編輯艾瑞克．貝克（Eric Becker）與米納．克羅茲（Mirna Queiroz），他們選擇收錄了這篇文章。海孟妲與瓊昂一文講述了在河流上蓋起水壩的故事，不過矛盾的是水壩打破了阻礙，衝擊了他們和我的生活。

《他方之言》的編輯、作家黛安．梅塔（Diane Mehta）以英語為我朗讀，並認為我的聲音強大到足以打破語言和距離的障礙。她極其慷慨地起草了這本書的出版計劃。格瑞沃夫出版相信了它，格蘭塔圖書同樣也是。這本書帶給我的第一個快樂是：

在這個世界陰鬱的時刻，當文字被用來築起高牆，我發現仍有編輯冒著風險創作出一本讀者沒有要求、甚至不知道自身需要的書。

我很感激格瑞沃夫與格蘭塔的全體員工。特別感謝格瑞沃夫的史蒂夫．伍德沃德（Steve Woodward）和凱蒂．杜布林斯基（Katie Dublinski），格蘭塔的卡．布拉德利（Ka Bradley）和勞拉．巴伯（Laura Barber），他們付出了非凡的奉獻、尊重及專業精神，讓這本書得以在書架上成為實物，讓讀者的手與眼能碰到、看到，我很少見到如此敬業的編輯。

由衷感謝擔任英譯的黛安．格洛司克勞斯．惠帝（Diane Grosklaus Whitty）。瓊昂與海孟妲代表著一種非常獨特的巴西聲音，那是由土地、河流與尋找鍛鍊而成的，黛安經歷了如何將瓊昂與海孟妲這兩個詞變成英語的痛苦和喜悅，以用於收錄在《他方之言》裡。也是在那裡，我們發現了自身對文字的痴迷形成了可能的交集。我們都知道自己會失敗，這讓我們非常專注。如果我不得不被背叛，既然文字無法轉化，而是變成其他文字，我始終相信黛安會是一個忠實的叛徒，並且會以巨大的天賦背叛我。所以我向她敞開了自己的身體，因為除非譯者穿過作者的身體並占有它一段時間，否則翻譯是不可能的。這不是一般的關係，戴安與我成了隊友，背叛變成了愛情。有時我信任她勝過信任自己。當她談到我的作品時，我發現她比我更瞭解自己。

也要謝謝戴安的丈夫邁克・惠帝（Michael Whitty）。對我來說，邁克成為了那種我們從未謀面卻一直深愛著的人。當黛安和我陷入文字的深淵，不知道如何面對難以翻譯的字詞，我習慣問：「邁克怎麼想？」由於親密是件很微妙的事，這最終導致了某種不耐煩：「那個邁克在哪兒？」因為邁克有著驚人的敏感度，他總是會知道。對我來說，他的話有了決定性。而他每天都跟隨著這個翻譯，時而震驚，時而感動。對於黛安和我來說，邁克是那位在叛亂言論引動出緊急情況下，沉著穩重之人。

他們在美國，我在巴西。他們在威斯康辛州的首府，而我在亞馬遜潮濕、狂暴、充滿激情的熱帶地區。「我從雨林回來後再回覆」，這是我經常發送的簡短訊息。黛安與邁克漸漸習慣了我的日程，包括河流、叢林、原住居民與住在河邊的人們，還有長時間的失聯。這就是我們翻譯的過程。我要感謝里洛・克拉雷多（Lilo Clareto），這位二〇〇一年起就一直陪伴著我的攝影師，格雷沃夫版的封面照片，以及格蘭塔版幾張在封面上的照片，都是他的作品。我很感激他在工作上的陪伴，以及他的忠誠與才華。

我要感謝來自欣古河的海孟妲・勾每斯・達・席爾瓦，她同意成為這本書（原版）的封面人物。透過海孟妲，我學會了在不丟失快樂的情況下，抵抗世界的暴力。海孟姐給我的不僅僅是她的故事，她還教我笑，哪怕只是出於傲慢。

我還要感謝強納森．沃茨（Jonathan Watts），在這本書被翻譯（與創造）之時，我愛上了他。他花了很多自己假期的時間去閱讀譯本，貢獻了以敏銳的眼光觀察到的細節。他是倫敦人，他讓自己的語言成為了我的家，讓我開始愛上英語，也幫助我打開了自己身體的邊界。

對許多人來說，一本書是一種關懷的表示。這本書裡充滿了愛，我對此表示感謝，永遠，永遠。我希望這麼多人的愛，以及我對這些如此真實卻彷似編造故事的愛，已經傳達給你。

英文版譯者的話
Translator's Note

耶莉娥妮．布魯恩說，一個記者如果想聽到其他人的聲音，就必須學會穿過街道到自己的另一邊，然後再回來，在我們集體經驗的背景下，分享她學到的東西。譯者也做著類似的事：他們幫助讀者去進行另一處的旅程——到雨林深處、到令人心痛的墓地、到貧民窟的屋頂。耶莉娥妮說，她從旅途中回來時，永遠不會和以前一樣，希望透過譯本的讀者也是如此，更期待在他或她的世界觀中所構造的板塊裡，讀者能去經歷一些或大或小的變化。

在幫助讀者的旅途中，翻譯人員經常試圖鋪平道路，運用熟悉的文字與表達方式，使文本變得「流暢」或「流利」，好如同「是用英語寫的一樣」。但如果我們不只是想停留在外面觀望，那麼滲透另一種文化將會需要我們突破熟悉的框架，稍稍迷失一點方向，這一點在耶莉娥妮的身上尤其明顯。她避開了平凡的事物，就像她的創作主題一樣，「延伸了殖民者的語言，將令人敬畏的事物詩意化」。耶莉娥妮的語言不是受制於語法規範的葡萄牙語，也不是官方文件中使用的葡萄牙語，其書寫形式充滿了對雨林裡的人們造成破壞的力量，塑造了我們對貧民窟居民生活的看法，或者決定那些為工廠獻身而被判死刑的人的命運。

有個關於葡萄牙的葡萄牙語，與巴西的葡萄牙語之間差異的老笑話，這是同一種語言的兩個版本，就像美國英語與英國英語的差異一樣：兩個巴西人從里斯本機場坐計程車到飯店，一路上他們聊著天。到達目的地時，計程車司機轉過身來用葡萄牙語問道：「你們倆說的是什麼鬼語言，我每個字都聽得懂卻分辨不出來！」而計程車司機的葡萄牙語對兩個巴西人來說，就像一些愛爾蘭人對美國人說的英語一樣，帶有濃重的口音。我希望耶莉娥妮的英語讀者在他們的腦海中也有類似的驚奇感，就好像在表面之下有另一種語言在盤旋，有時耐人尋味，但仍然完全可以理解，而且是屬於他們自己的語言。這是個不可能完全實現的目標，但卻是值得追求的。畢竟，翻譯是一種不可能的行為。

提醒讀者他們已經跨越邊界的最明顯方法，就是將文字留在原來的語言之中，這些文字受文化的限制，沒有完全等義的文字存在。例如〈阿岱奧想飛〉一文中，讓讀者感受到了巴西根深柢固的社會階級制度，這個故事用了一個看似無害的雙音節詞：「doutor」或「doctor」來反映。自帝國時代以來，任何擁有學士學位的巴西人都有權獲得這一榮譽稱號，而就在二〇一〇年的人口普查中，只有四．四%的巴西人大學畢業。隨著時間的推移，這個詞演變成了謙卑者對強者的通用稱呼。雖然我保留「doutor」的決定並沒有直接告訴讀者這一切，但從耶莉娥妮對阿岱奧的採訪，可以看出這個詞是如何反映社會階層關係的。希望讀者在故事的結尾對這個葡萄牙語有一定的感覺。（我的決定也是為了避免任何與美國或英國有關的文化聯想，像是「Sir」這樣的翻譯可能會讓人產生這種聯想。）

我在這樣的選擇過程中找到了進一步的理由，因為耶莉娥妮自己並沒有呈現一個簡單的閱讀體驗。她要求我們重新思考文字的界限，是的，那我就重新思考。就像阿岱奧在薩爾加多菲略機場的入口處停了下來一樣，耶莉娥妮的讀者有時也會被她的舊詞新用給打斷，順便說一句，她不理會語法與語義上的限制（葡萄牙語在這方面顯然更靈活）。在〈雜音〉中描述一件工人的襯衫時，她說「havia nela uma vontade de missa」，字面意思是「裡面有一種（禮拜儀式的）彌撒的意願／願望」（there was in it a will/desire for [liturgical] mass.）。在拒絕了各種各樣的可能性之後，我認為應該是「它有一種教堂的氣氛」（it had an air of church about it）。我對這個短語的流暢性很滿意。直到我第五次修改時，我看到了所謂的「老套」。真想詛咒耶莉娥妮。因為對她來說，一個人不是矮，是個子小；希望不是隨風而去，而是隨風而逝；鷹能翱翔，而不是飛越高山。所以從頭來過後，最終以「有股衝動想去教會」（an urge for church about it）作為解決方案。我試圖傳達一些耶莉娥妮原作的神祕特質，或許這會讓讀者停下來思考。

耶莉娥妮的聲音與她故事中所描繪的人們的聲音，以及他們獨特的語言表達，有著很多相似之處，對此她非常尊重。在〈老人之家〉裡，她評論道「那種詩意似乎是東北人與生俱來的天賦」。耶莉娥妮與所有在這本書中講述自己故事的人都有正面的證明，辭典並不擁有它自己的詞句，文法書中也沒有屬於自己的語法。在〈瓊昂請求海孟妲一同以死作為犧牲〉中，瓊昂在遭受了失去家園和生活後，出現了身體的反應，如果用通俗的理解來說就是他的腿癱瘓了。但葡萄牙語的形容並沒有那麼平庸，英語也是：「我的神經把一切都鎖住了，鎖得緊到我都走不動了……可以生氣生到把身體都鎖起來，還真不容易。」他的妻子海孟妲在講述小島被貝羅・蒙契水壩奪走的痛苦時：「我並非住在島上，我是依賴它生活，它也依賴著我生活。」用瓊昂的話來說：「從現在起，我眼中只有黑暗……我待在這裡看著世界，找尋我自己。誰能回應我這個搜尋？」從技術上說，這個「搜尋」是得不到「回應」的，但是在一個水壩建設鎖住了瓊昂的身體之後，我怎麼能透過堵住他的話來加劇這一切呢？

文章中還有其他奇怪的地方。在〈雨林裡的接生婆〉中，耶莉娥妮並沒有給出實際接生的說明，而是直接將讀者帶入接生婆的世界，沒有指導，沒有準備。當讀者被告知接生婆「她按壓、推拿孕婦的肚子（pulls the mother's belly），讓孩子轉向正確的方位」時，他們無疑有點不知所措。緊接著的訊息是，「對接生婆來說，她的日常就是每天早上清洗、煮菜，然後下午推拿孕婦的肚子，好讓孕婦保持健康」。典型的耶莉娥妮，促使她的讀者從這個詞的兩種意義上去思考：停下來問問正在發生什麼，並敬畏地站在一個經常練習推拿肚子的世界裡。有關拉丁美洲的接生文獻中，這個術語通常會以「腹部按摩」（abdominal massage）或「按摩」（massage）來表示。在我看來，這樣的用法會讓人的思維瞬間關閉，讀者的理解將縮小到實踐所涉及的一小部分。使用「按摩」（massage）一詞也無法模仿葡語讀者的體驗：先是對一個顯然簡單、普通的單詞感到困惑，然後在故事的過程中發現了它的含義。

到目前為止，我已經寫了關於翻譯作為一種附加，它是如何讓讀者接觸到地方、人物與體驗，否則這些地方、人物與體驗就會被關在一堆難以理解的因素中。現在來看看不可避免的、不光彩的損失。首先，最顯而易見的是葡萄牙語本身的美，它的音樂性與韻律，音節中流淌著河流與海洋，這些都一去不復返，全被削減與焚燒掉了。同樣失去的還有記憶、聯想、氣味與聲音，即使是一個在任何語言中都能喚起的單字。然後是文化典故，這裡指的是跨越巴西人世代、性別與階級所共有的遺產，以及具體到每個人的個自經歷。有時，它以音樂配樂的形式出現。在〈有個小鎮名叫布拉西棱加〉裡，一旦巴西讀者被告知「六十多年前，伊比棱卡大道與聖瓊昂大道交叉時，發生了一件事」，許多人就會自動響起卡耶塔諾・費洛索唱著〈森巴〉。耶莉娥妮繼續提供足夠的訊息來引導讀者找到這首著名的歌曲，雖然卡耶塔諾天鵝絨般的聲音在讀者的腦中自動浮現，但英語讀者失去反射的，卻是發生在他所有粉絲心中隨著音樂和弦，將他們帶回巴西歷史上和自身生活中的某個時期。

對我來說，最痛苦的損失發生在耶莉娥妮的語言創造力層面。她的用詞很精確，那絕對不是偶然的，與她採訪過的人一樣，她使用語言也很自由。她有時會用一個詞來清楚表達字典裡的「定義一」，但裡頭卻夾著「定義二」，以及伴隨著其他一些感覺或解釋。〈窮人的喪事〉中，一位剛剛埋葬了年幼兒子的母親正在「照顧六歲的女兒」。「照顧」(keeping vigil）是我對「Velar」的翻譯，這個動詞將保護生命的行為與埋葬生命的行為聯繫起來，因為它的意思是「看守」(to keep watch over），指的也是在巴西社會裡一項重要的儀式：在參加葬禮時站在棺材旁邊，也經常需要貫徹的守夜。在葡萄牙語中，我們看到母親在保護女兒健康的同時，可能也會感覺到背後隱藏著墓地。

耶莉娥妮還以新穎的方式來結合動詞或表達。〈有個小鎮名叫布拉西棱加〉中，她告訴我們，社區中的大多數女性是「se desvira」，這是一個新詞，它採用了一個常見的表達方式，意思是機智地應付一種情況（se virar），並添加了一個前綴（des-）來創造另一個不尋常，反身用法的動詞（desvirar），所以它反過來意味著扭曲或轉動某物後，使其回到原來的位置。儘管這種用法在葡萄牙語中很新奇，但巴西讀者完全可以理解，他們馬上就會明白這些女人是非常足智多謀的。也許在某個無眠的清晨，我會想到一個更好的解決辦法，但在那之前，我已經承認失敗了，因為我把耶莉娥妮的語言簡化成：「大多數女人……但她們讓自己裡裡外外轉個不停，做著一千零一件工來支付帳單。」

這是我努力將耶莉娥妮的聲音傳遞給英語讀者時遵循的指南針。她的文字毫無疑問來到另一個文化中，顯示出一些磨損痕跡與時差，但我希望自己對他們的美麗和挑戰，以及他們講述的許多看不見的巴西人聲音做出了公正評價，並傳遞出這本書無論在任何語言中都相同的核心價值。

我要感謝很多人。黛安・梅塔，感謝她構思了這本書，並為它找到了一個英語的家。感謝史蒂夫・伍德沃德、凱蒂・杜布林斯基與格瑞沃夫的其他員工，感謝他們將這個工作委託給我，並幫助我將其塑造成最終的形狀。格蘭塔的卡・布拉德利，感謝她細心的觀察。還有那些慷慨地為我提供了耳朵、想法與文字的翻譯同事，凱瑟琳・賈戈（Catherine Jagoe）、瑪吉・法蘭岑（Margie Franzen）、泰斯・帕索斯（Thais Passos）、班・科爾尼（Ben Kearney）、布里昂・麥克威廉姆斯（Bryon MacWilliams）、艾莉森・恩特里金（Alison Entrekin），以及其他對各篇章發表評論的朋友，帕特・漢森（Pat Henson）、蕾切爾・理查森（Rachelle Richardson）、卡倫・梅格雷布里安（Caren Meghreblian）、哈里・伯恩斯坦（Harry Bernstein）、布萊恩・奇利諾（Brian Chullino）、保羅・範克豪澤（Paul Fankhauser）。

像往常一樣，我每天都要感謝邁克，我的丈夫與第一個讀者，他現在幾乎和我一樣對這本書瞭如指掌。他的見解、創意的貢獻與愛的支持都是無價的。最後，我要感謝耶莉娥妮，首先感謝她作為一名記者，是她把「未發生」變成了全世界需要關注的事件。其次，有幸讓我居住於她的語言體系中，並試圖將其跨文化傳播。正是為了這本書，我成為了翻譯者。

——黛安・格洛司克勞斯・惠帝（Diane Grosklaus Whitty）

出版致謝
Publication Acknowledgments

本書收錄的文章曾於下列刊物刊出。

〈雨林裡的接生婆〉（Forest of Midwives）– *Época*, March 27, 2000.

〈窮人的喪事〉（Burial of the Poor）– *Zero Hora*, June 6, 1999.

英譯版首度出刊於*Becoming Brazil: New Fiction, Poetry, and Memoir, Mānoa: A Pacific Journal of International Writing*, Vol. 30, No. 2, winter 2018, pp. 36–38.

〈瘋子〉（Crazy）– *Zero Hora*, September 4, 1999.

〈雜音〉（The Noise）– *O Verso dos Trabalhadores*, Editora Terceiro Nome, 2015.

〈有個小鎮名叫布拉西棱加〉（A Country Called Brasilandia）– *Época*, February 12, 2007.

〈對抗畸形靈魂的伊法〉（Eva against the Deformed Souls）– *Zero Hora*, August 14, 1999.

〈惡魔澤耶的巴西〉（In Demon Ze's Brazil）– *Época*, February 5, 2007.

〈阿岱奧想飛〉（Adail Wants to Fly）– *Zero Hora*, June 12, 1999.

〈吃玻璃的男人〉（The Man Who Eats Glass）– *Zero Hora*, February 6, 1999.

〈老人之家〉（Old Folks Home）– *Época*, December 24, 2001.

〈剩餘靈魂的收藏者〉（The Collector of Leftover Souls）– *Zero Hora*, May 29, 1999.

〈死亡世代的母親們〉（Living Mothers of a Dead Generation）– *Época*, July 31, 2006.

〈中土民族〉（The Middle People）– *Época*, October 4, 2004.

〈聲音〉（The Voice）– *Zero Hora*, November 27, 1999.

〈瓊昂請求海孟妲一同以死作為犧牲〉（Joao Asks Raimunda to Die with Him in Sacrifice）– *El País*, September 22, 2015.

英譯版首度出刊於 "Women Writing Brazil: A PEN American Publication," *Glossolalia*, No. 2, Fall 2016, pp. 15–37.

〈囚禁〉（Captivity）– *Zero Hora*, September 11, 1999.

〈餵養孩子們的女人〉（The Woman Who Nourished）– *Época*, August 18, 2008.

〈雨林裡的接生婆〉、〈有個小鎮名叫布拉西棱加〉、〈惡魔澤耶的巴西〉、〈老人之家〉、〈死亡世代的母親們〉、〈中土民族〉及〈餵養孩子們的女人〉也曾收錄在《街景》（*O Olha da Rua*，愉港，巴西：Arquipélago Editorial，二〇〇八；二版，二〇一七）。

〈窮人的喪事〉、〈瘋子〉、〈對抗畸形靈魂的伊法〉、〈阿岱奧想飛〉、〈吃玻璃的男人〉、〈剩餘靈魂的收藏者〉、〈聲音〉及〈囚禁〉則曾收錄於《無人見著的生活》（*A Vida que Ninguém Vê*，愉港，巴西：Arquipélago Editorial，二〇〇六）。

SEEING 13

剩餘靈魂的收藏者

巴西日常革命的田野筆記

The Collector of Leftover Souls: Field Notes on Brazil's Everyday Insurrections

作　　者　耶莉娥妮・布魯恩（Eliane Brum）
譯　　者　沈維君、列蒙
責任編輯　賴譽夫
封面設計　一瞬設計　蔡南昇
排　　版　L&W Workshop

編輯出版　遠足文化
行銷企劃　尹子麟、余一霞、汪佳穎
行銷總監　陳雅雯
副總編輯　賴譽夫
執 行 長　陳蕙慧
社　　長　郭重興
發行人兼出版總監　曾大福
發　　行　遠足文化事業股份有限公司
23141新北市新店區民權路108之2號9樓
代表號：（02）2218-1417　傳真：（02）2218-0727
客服專線：0800-221-029　Email：service@bookrep.com.tw
郵政劃撥帳號：19504465　戶名：遠足文化事業股份有限公司
網址：http://www.bookrep.com.tw

法律顧問　華洋法律事務所　蘇文生律師
印　　製　韋懋實業有限公司
初版一刷　2021年11月

ISBN　978-986-508-119-5
定　　價　420元

國家圖書館預行編目資料

剩餘靈魂的收藏者：巴西日常革命的田野筆記
耶莉娥妮・布魯恩（Eliane Brum）著；沈維君、列蒙 譯
一初版.一 新北市：遠足文化事業股份有限公司，2021年11月
304面；14.8×21公分（SEEING13）
譯自：The Collector of Leftover Souls: Field Notes on Brazil's Everyday Insurrections
ISBN 978-986-508-119-5（平裝）
1.社會問題 2.報導文學 3.巴西
542.09571　110016048